FRONTESPIZI

Gli angeli

ATSUSHI OKADA

口絵−1　ラファエッロ《システィーナの聖母》

口絵－2　ルブリョフ《聖三位一体》

口絵—3　パオロ・ヴェネツィアーノ《聖母戴冠》

口絵—4　「聖ルチア伝の画家」《天の女王マリア》

口絵─6　ラファエッロ《聖チェチリアの法悦》

口絵–5　グリューネヴァルト《降誕と天使の合奏》

口絵–7　オラツィオ・ジェンティレスキ《聖チェチリアと天使》

口絵−9
モラッツォーネ
《聖フランチェスコの法悦》

口絵−8
ベルナルド・カヴァッリーノ
《聖チェチリアの法悦》

口絵−10　モロー
《旅人としての天使》

口絵−11　モロー
《パルカと死の天使》

中公新書 2369

岡田温司著

天使とは何か

キューピッド、キリスト、悪魔

中央公論新社刊

はじめに

天使はいたるところにいる。いたいけない乳幼児、自己犠牲も厭《いと》わない看護師、透き通るような美声の持ち主、初々しいカップルなど。あるいはことによると、毎日のテレビ番組をにぎわせている子役たちもまた。彼らを見ると、思わず「天使のようだ」と叫びたくなるファンは少なくないだろう。天使とは、かくもわたしたちに馴染《なじ》み深い存在である。もしかすると神様や仏様よりもずっと。もちろん、それは単なる比喩《ひゆ》に過ぎないから、本物の天使というわけではないのだが。

では、本物の天使とは何か。そんなものが本当にいるのか。天使（エンジェル）の語源となったのは、ギリシア語の「アンゲロス」で、神（神々）の「伝令」ないし「使者」を意味する霊的（あるいは半物質的）な存在とされる。キリスト教では古くから、その存在や本質をめぐって神学的な議論が展開されてきた。これについてはすでにわが国でも、数々の優《すぐ》れた研究がある（山内志朗《やまうちしろう》、稲垣良典《いながきりょうすけ》、坂口《さかぐち》ふみの各氏による天使論など）。

小著は、これらの先行研究とはやや異なる視点から書かれている。また、巷《ちまた》に流布《るふ》しているような天使の画集や解説書とも、少し趣を異にするものである。

では、小著の狙《ねら》いは那辺《なへん》にあるのか。単刀直入に述べるならそれは、隠れた天使や異端的とされてきた天使を現代に救い出す試み、ということができるかもしれない。かつて初期キリスト教の時代には、かのイエス・キリストでさえ天使（のような存在）とみなされていた形跡があるのだが、このことは少なくともわが国ではまだあまり知られてはいない。第Ⅱ章は、この忘れられた、しかし興味深い天使像に焦点が当てられている。

一方、たとえば食品や菓子のパッケージとして、わたしたちの日常生活のなかにあまねく浸透しているエンジェルとキューピッドは、もとより似て非なるものなのだが、そもそもどこがどう違うのかと問われても、端的に答えるのは意外と難しい。それもそのはず。ユダヤ・キリスト教における天使の成り立ちをたどるなら、異教におけるさまざまな天使的存在に行き当たるからである。順番は前後するが、第Ⅰ章は、こうした異教とキリスト教の境界に位置する天使たちに捧《ささ》げられている。

すでにご存知の読者も少なくないだろうが、忌み嫌われる悪魔もまた、もともとは光り輝く天使であった。悪魔とは、堕《お》ちた天使のことにほかならない。なぜそんなことになったのか、それが第Ⅳ章のテーマである。ここから明らかになるのは、人はしばしば、他者（他の信仰や宗教や神話）における天使（的存在）を、「悪魔」呼ばわりしてきたという、隠れた歴史である。

逆に天使には、祝福された聖人や福者たちを祝い寿《ことほ》ぐという重要な役目が与えられてきた。そのためには、歌や楽器が得意でなければならない。賛美歌を唱える少年少女合唱団を形容して「天使の歌声」と呼ばれるが、そのゆえんもここにある。第Ⅲ章で素描されるのは、こうした天使と音楽と人間のあいだで取り結ばれてきた長くて固い絆《きずな》である。

近代になって、「神は死んだ」かもしれないが、天使は死なない。最後の章では、美術や文学や映画のなかで生きつづける天使の数々に登場願うことになる。その活躍ぶりを見るにつけ、人は天使なしではほとんど生きていけないのではないかと思われるほどである。

フランスのイスラーム学の泰斗《たいと》アンリ・コルバンの言い回しを借りるなら、天使とは、優れて「想像界〔ムンドゥス・イマギナリス〕」の住人たちである。以下の章で、わたしたちもしばし、想像力の翼を自由にはためかせてみることにしよう。

目　次—天使とは何か

第I章　異教の神々

――天使とキューピッド

エンジェル（天使）とキューピッドは同じものですか、それとも別のものですか。市民講座などでキリスト教美術の話をすると、よくこんな質問を受けることがある。そんなときはたいてい、天使はユダヤ教やキリスト教における神の使者のことで、キューピッドは異教の愛の神のことなので、基本的には異なるものです、とごく無難に答えることにしている。

キューピッドは、古代ギリシアでエロス、ローマでクピドとかアモルと呼ばれていて、美の女神ウェヌス（アフロディーテ）の息子であるとされる。「恋のキューピッド」という言い回しにもあるとおり、しばしば愛の矢を誰《だれ》かに向けて射ようとしている姿で描かれてきた。ときに目隠しをしていることもあって、その気紛《きまぐ》れのほどをうかがい知ることができる。

ところが、実際にはそんなに単純に割り切れないところがある。質問にも一理あるのだ。というのも、どちらも有翼《ゆうよく》の裸の幼児か少年のような姿で表わされることが多いため、たしかに見分けがつきにくいことも少なくないのだ。巷にあふれているシンボルマークを見ても、食品メーカーのキューピッドも、菓子メーカーのエンジェルも、ともに愛くるしい有翼の童《どう》子《じ》のイメージが共通している。

　歴史をひもといてみても、同じことがいえる。それゆえ、見分けにくいという点では、専門家も例外ではないのだ。たとえば、バロックを代表する彫刻として名高いジャン・ロレンツォ・ベルニーニ（一五九八―一六八〇）の《聖テレジアの法悦《ほうえつ》》（一六四七―五二年、ローマ、サンタ・マリア・デッラ・ヴィットーリア聖堂／I-1）では、恍惚《こうこつ》の表情をした聖女に向かって、嬉々《きき》として神の愛の矢を突き刺そうとしているのは、クピドではなくて天使である。

I-1　ベルニーニ《聖テレジアの法悦》（部分）

　異教のクピドのような天使というイメージは、ほかでもなく厳格で禁欲的なキリスト信仰で知られる古代の聖アウグスティヌス（三五四―四三〇）のなかにさえすでに認められる。その著『告白』によると、「あなた［キリスト］はわたしたちの心をあなたの愛の矢で貫かれた」（9:2）というのである。まるで愛神クピドがそうするかのように。この一節は、

Ⅰ－2　ザノービ・ストロッツィ《改宗する聖アウグスティヌス》

天使が放とうとする三本の矢をアウグスティヌス自身が受け止めている場面で図像化されることがある。たとえば、ザノービ・ストロッツィ（一四一二―六八）による『交唱聖歌集《こうしょうせいかしゅう》』の挿絵《改宗する聖アウグスティヌス》（一五世紀半ば、フィレンツェ、サン・マルコ美術館、f.1r／Ⅰ－2）がそれである。聖書を膝《ひざ》において祈りを捧げている聖人に「愛の矢」を向けているのは、小さく画面左上、やはりクピドではなくて天使である。なぜ三本かというと、父（神）と子（イエス）と聖霊《せいれい》の三位一体《さんみいったい》をその矢が象徴しているからである。これらはほんの一例に過ぎない。

キリスト教では伝統的に、神の愛（アガペー）は地上の愛（エロス）と区別され、後者は前者に比べてかなり低く見積もられてきた。にもかかわらず、矢を放つ異教の愛神エロス＝クピドの役を天使に演じさせることで、その神の愛が表現されてきたというのは、わたしにはとても興味深い逆説のように思われる。いいかえるなら、天使はその軽やかな翼によって、正統的な教義の枠組みや、異教／キリスト教の厳格な線引きすらいともやすやすと跳び越えることのできる存在でもある、ということだ。

しかも、話はエロス＝クピドに限らない。古代の異教は、同類の神々たちでにぎわっているのである。たとえば、エロスの弟とされ相互愛あるいは恋の復讐《ふくしゅう》者ともみなされるアンテロス、同じくウェヌスの従者でエロスの分身でもある欲望の神ヒメロス、さらに眠りの神ヒュプノスや、死者の魂《たましい》を冥界《めいかい》へと運ぶ死の神タナトスなどがいる。エフェソスのアルテミス神殿出土の美しい浮彫り、有翼の《タナトス》（前四世紀、ロンドン、大英博物館／Ⅰ-3）がいい例である。ヘルメスもまた、翼のある兜《かぶと》とサンダルを身につけて、ゼウスの使いとして、天上と地上、あの世とこの世を自由に飛び回っている。さらに、同じく有翼の勝利の女神ニケーや虹《にじ》の女神イリスも、それぞれ上位の女神であるアテ

Ⅰ-3　《タナトス》

ナやヘラの使い女《め》として活躍する。

それゆえ、まずこの最初の章では、古代とルネサンス・バロックのあいだを往復しながら、異教における神々や霊たちと、ユダヤ・キリスト教における天使たちとが、いかに交差したり重なり合ったりしてきたかを、テクストや美術作品を通して手繰《たぐ》ってみることにしよう。そのなかには、キリスト教の使徒や神学者たちによって異端的とみなされてきたものもあるが、あえてそれらに着目することで、天使のイメージの起源や広がりが再認識されることになるだろう。

天使、プットー（裸童）、スピリテッロ（小精霊）

とりわけ、古代復興の機運のなかで、異教の伝統とキリスト教とが独自に結びついたルネサンスの美術においては、天使とともに、天使にも見まがうような有翼の童子たちが頻繁《ひんぱん》に登場する。たとえば、ラファエッロ（一四八三―一五二〇）の傑作《システィーナの聖母》（一五一三―一四年、ドレスデン、アルテ・マイスター絵画館／**口絵1**／I-4）の画面下にいる二人の「天使」はあまりにも有名である。緑の幕が開けられ、聖シクストゥスと聖バルバラに挟まれて、神々しい聖母子《せいぼし》が雲のあいだから顕現《けんげん》している。その様子を欄干《らんかん》に手をついてじっと見つめているのが、愛らしくもどこかいたずらっぽそうな表情をした有翼の「天使」たちである。

だが、彼らは本当に天使なのだろうか。もちろん異教のエロスがこの神聖な場面に登場するのは、いかにルネサンスとはいえあまりにも唐突だから、二人をエロスやアンテロスとみなすのにはいささか無理がある。しかし、たしかに神の厳粛《げんしゅく》な御使《みつか》いであるとも断定しがたいほど艶《あで》やかでくつろいだ雰囲気が、その二人には漂《ただよ》っている。

Ⅰ-4　ラファエッロ《システィーナの聖母》（部分）

しかも、正真正銘の天使たちは、聖母子を取り囲む雲のあいだから、無数にその顔をのぞかせているのだ。聖母子に近づけば近づくほど明るくなる光のなかでは判別しがたいかもしれないが、その周辺部ではたしかに、雲がぼんやりと子どもの顔のかたちをとっていることがわかる。現実に肉体をもつという説と純粋に霊的な存在であるという説のあいだで揺れ動いてきた天使は、空中の雲が凝縮《ぎょうしゅく》してできる半透明のような存在であるという考え方が古くからあって、画家はそれを見事に表現しているのである。同じように雲からできる天使をラファエッロは、《フォリーニョの聖母》（一五一二年、ローマ、ヴァティカン美術館）でも、聖母子の周囲に描いている。神が、天の被造物たる天使たちに囲まれているという発想は、すでに旧約聖書に見られるものである。

とするなら、画面下の二人の「天使」はいったい何者で、何ゆえにそこにいるのだろうか。この問いに答える前に、もうひとつ似たような作例を見ておこう。それとは、ドナテッロ（一三八六頃—一四六六）の彫刻《受胎告知《じゅたいこくち》》（一四三五年、フィレンツェ、サンタ・クローチェ聖堂／I‐5）である。大天使ガブリエルが、神の子を宿したことを処女マリアに伝えるために天から遣わされる、というお馴染みの主題である。穏やかな表情のガブリエルは、ひざまずいて神のメッセージをうやうやしく伝え、マリアもこれを敬虔《けいけん》に受け止めている。

一方、目を上方に転じると、壁龕《へきがん》ティンパヌムの両脇《りょうわき》と上辺に裸の幼児たちが計六体、ほぼ左右対称に配されているのが見える（I‐6）。そのなかには翼をそなえた者や、花綱《はなづな》飾りを手にする者もいて、下方——つまり受胎告知の場面——に視線を投げている。これらは、「プットー（裸童）」とか「スピリテッロ（小精霊）」とかと呼ばれて、ルネサンス美術で好まれたモチーフのひとつで、ドナテッロはこの表現を得意とした。たとえば、プラート大聖堂の説教壇《せっきょうだん》（一四二八—三八年）や、フィレンツェ大聖堂の聖歌隊席（一四三三—三八年）

を彩る浮彫りには、陽気に踊りまわる多くの裸童たちが登場する。それらはまた、説教や合唱を聴いて心動かされ踊らされる信者たちの霊魂（スピリット）の擬人化でもある。

《受胎告知》の上部の裸童たちも同じく、大天使のメッセージを受け取るマリアと、それを見ている鑑賞者の心の動きを象徴する「スピリテッロ」――イタリア語「スピリト」の縮小辞で、文字どおりには「小さなスピリット」という意味――とみなすことができる。こうした小精霊たちが空気中にあふれていて、それと気づかぬうちに、わたしたちの身体に働きか

I-5　ドナテッロ《受胎告知》
I-6　ドナテッロ《受胎告知》（部分）

I-7　ドナテッロ《奏楽の天使》（部分）

けて生気を与えたり、感情を操ったりしているという考え方は、古代に由来するものである。

さて、ラファエッロ作品に帰るなら、問題の二人の「天使」もまた、おそらくこうした心の動きに対応するスピリテッロに近いものと考えられる。しかも、ルネサンスにおいて両者が混同されるか、ほぼ同一視されるかすることもあったらしいことは、それぞれの語の使われ方から推し量ることができる。たとえば、プラートの説教壇の注文契約では「スピリテッリ」と呼ばれているのにたいして、同じくドナテッロがパドヴァのサンタントニオ聖堂のために制作した主祭壇（一四四四—四七年）のためのブロンズ浮彫りの合奏の裸童たち（I-7）は、「天使（アンジェリ）」として契約書に記載されているのである。また、この主祭壇を構成するブロンズ彫像《ちょうぞう》のひとつ、聖ダニエル像は、スピリテッロを模様に刻んだ式服を身にまとっている。このように、異教的な裸童とキリスト教の天使とは、興味深い交差を見せているのである。

実際、こうした裸童のモチーフは、古代の異教美術に起源をもつことが知られている。エロスやアンテロスなどの図像に加えて、石棺《せっかん》の表面浮彫りなどに登場する、花綱飾りをもつ裸童もそうした源泉のひとつである（《花綱飾りの石棺》二世紀、ボルチモア、ウォルターズ美術館／Ｉ-8）。彫刻家ヤコポ・デッラ・クエルチャ（一三七四頃―一四三八）が《イラリア・デル・カッレットの墓碑《ぼひ》》（一四〇六年頃、ルッカ、大聖堂／Ｉ-9）において美しくよみがえらせたこの古代風のモチーフは、その後、ルネサンスの多くの墓碑彫刻に使われることになる。これら裸童

Ｉ-8　《花綱飾りの石棺》
Ｉ-9　ヤコポ・デッラ・クエルチャ《イラリア・デル・カッレットの墓碑》

I-10　アントニオ・ロッセッリーノ《ポルトガル枢機卿の墓》（部分）

たちは、愛神アモルの縮小辞の複数形で「アモリーニ」と呼ばれることもあり、死者の生前を寿ぎ、華やかに見送るという役割を担わされていると考えられる。

ルネサンス期に制作された墓碑には、こうしたプットーたちの姿がよく見られる。ベルナルド・ロッセッリーノ（一四〇九―六四）作の《レオナルド・ブルーニの墓》（一四四四―四七年、フィレンツェ、サンタ・クローチェ聖堂）には、最下壇に花綱飾りを、最上段には紋章入りのメダイヨンを支えるプットーたちが、聖母子の両脇の二人の天使に混じって登場する。その弟アントニオ・ロッセッリーノ（一四二七―七九）が手がけた《ポルトガル枢機卿《すうききょう》の墓》（一四六一―六六年、フィレンツェ、サン・ミニアート・アル・モンテ聖堂／I-10）でも、四人の天使とは別に、遺体の横たわる敷布《しきふ》と戯《たわむ》れるようにして、両脇に無邪気《むじゃき》で愛らしい二人のプットーが陣取っている。同様の例はほかにも挙げることができる。天使が死者の霊を称《たた》え、天にいるキリストのもとへと誘っているとするなら、プットーは、幼児の姿をした霊魂の化身《けしん》でもある。

古代における異教の有翼の神々と天使

こうした裸童のモチーフをめぐって、異教とキリスト教との交差は、実はすでに古代に起こっていたものである。異教徒の石棺の正面にはしばしば、花綱飾りをもつ裸童ばかりでなく、円形メダイヨンを掲げる有翼のプットーや、酒の神バッカスのためにブドウを刈り入れる裸童たち（バッコイ）が浮彫りされている。

これらのモチーフは、三世紀頃になるとキリスト教徒の石棺などにも見られるようになる。キリストの血がワインになぞらえられることも、こうした転用を促した一因である。《善き羊飼いの石棺》（三世紀、ヴァティカン、ピオ・クレメンティーノ美術館／I-11）では、キリストの象徴でもある三体の「善き羊飼い」――それ自体がアルカディアの牧人《ぼくじん》からの転用――に挟まれて、多くのプットーたちがブドウの刈り入れにいそしんでいる。『ヨハネによる福音書』によると、イエスは自分を「ブドウの木」になぞらえたのだった。

それゆえ、異教の図像とキリスト教の図像とを思わず混同してしまうのは、必ずしも現代のわたしたちに限った話ではないのだ。混同ではないとしても、両者の融合はすでに初期キリスト教の時代からはじまっていたのである。

もうひとつ例を挙げるなら、《バルベリーニの象牙《ぞうげ》板》（六世紀半ば、パリ、ルーヴル美術館／I-12）では、中央右上で皇帝――アナスタシウス一世（在四九一―五一八）とする説とユスティニアヌス一世（在五二七―五六五）とする説がある――が、有翼の勝利の女神ニケーから祝福を受ける一方、上部では、キリストを配したメダイヨンを二人の天使が掲げている。

I-11　《善き羊飼いの石棺》（部分）
I-12　《バルベリーニの象牙板》

ニケーと天使は同じ有翼の使者として、皇帝を称え、その権力を支えるものとして、対立することなく同居できるわけだ。

勝利の女神ニケーの姿をした天使の図像（四世紀、アクイレイア、総主教聖堂バシリカ／Ⅰ-13）も残されている。この床面のモザイク画では、シュロの枝と月桂樹《げっけいじゅ》の冠《かんむり》を手にして、勝利と栄光を寿いでいるのは、チュニカをまとった女神ニケーにして、同時に天使でもある。右下にはブドウの杯《さかずき》、左下にはパンの籠《かご》が見える。つまりキリストの血と肉の象徴である。

Ⅰ-13　《ニケーとしての天使》
Ⅰ-14　《漁をするプットー》

こうして異教の勝利の女神が、キリスト教の天使へと巧みな変身を遂げているのである。同じ床面モザイクには、漁の網を引く快活な有翼のプットーたち（I－14）も描かれている。このモチーフもおそらくは異教から借りてこられたものである。ところは変わるが、シチリアのピアッツァ・アルメリーナには、同様の異教の図像がヴィッラ・デル・カザーレの床面モザイク（四世紀）として残されている。

異教とキリスト教をつなぐ「プネウマ」

ところで、「スピリット」の語源となったラテン語の「スピリトゥス」は、ギリシア語では「プネウマ」に対応する。「気息《きそく》」とか「精気」とかと訳される「プネウマ」は、人間のみならず自然界をもつかさどる根本的な原理で、物質と非物質とのあいだにあるような存在とみなされ、これが身体器官に働きかけることで、気分が高揚したり沈んだりすると考えられた。いわゆる古代のプネウマ論は、生理学と心理学と宇宙論とをつなぐ広い射程をもっているのだ。

これを「聖霊」と読み替えたのがキリスト教である。なかでも、マリアに入ってイエスを宿したのが神の聖霊（プネウマ）である、とされる。それゆえ父（神）と子（イエス）と聖霊とを同一実体だとみなす三位一体説も成り立つことになるわけだ。

　とはいえ、天使もまた「プネウマ」になぞらえられ、その名で呼ばれることがある。たとえば、新約聖書の『ヘブライ人への手紙』には、「神は、その天使たちを風（プネウマ）とし、ご自分に仕える者たちを燃える炎とする」（1:7）、とある。これは、旧約聖書の『詩編《しへん》』の一節、「［神は］雲を御自分のための車とし／風の翼に乗って行き巡り／さまざまな風を伝令とし／燃える火を御《み》もとに仕えさせられる」（104:3-4）、を踏まえたものである。

　また、同じく『ヘブライ人への手紙』には、「天使たちは皆、奉仕する霊（プネウマ）であって、救いを受け継ぐことになっている人々に仕えるために、遣わされたのではなかったですか」（1:14）、と記されている。つまり天使は、風にして火にして霊でもあるのだ。

　一方、『使徒言行録《しとげんこうろく》』によると、「霊（プネウマ）が［使徒］フィリポに、「追いかけて、あの馬車と一緒に行け」と言った」（8:29）とされ、さらに『ヨハネの黙示録《もくしろく》』のなかのヴィジョンにも、「玉座《ぎょくざ》の前におられる七つの霊（ハプタ・プネウマトン）」（1:5）とあるが、これらの「霊」もまた天使のことにほかならない。

　ところで、「プネウマ」が聖霊の意味でも天使の意味でも使われていたとするなら、神の聖霊によって生を享《う》けたとされるイエス・キリストは天使と同等か、あるいは天使にきわめて近い存在であるという見方も可能になるだろう。しかも、ギリシア哲学とユダヤ教とを橋渡ししようとしたアレクサンドリアのフィロン（前二五頃―後五〇頃）によると、神のロゴス（言葉）は天使の姿をとることがある。その著『言語の混乱について』には、たとえば、「もしも、まだ「神の子」と呼ばれるにふさわしくない者がいるなら、急いでその者を神の第一子、ロゴス、天使たちのなかでいちばん崇《あが》められている天使と一致させるようにしなさい」(146)、とある。とするなら、ロゴスの受肉たるイエスは、この点でも天使と重なることになる。事実、今日では忘れられているが、こうした考え方が特に初期キリスト教の時代に一部で支持されていたことが知られている。この興味深いテーマについては、次の章で詳しく検討することになる。

一方、先に引用した『ヘブライ人への手紙』からも察せられるように、プネウマとしての天使は、風や雲や火など自然の要素と強いつながりがあるようだ。『ヨハネの黙示録』にも、大地の四隅に立って、そこから「吹く風をしっかり押さえて」(7:1) いる四人の天使が登場する。この天使たちは地上に天変地異をもたらす力を有している。

アレクサンドリアのフィロンもまた、空気は「肉体をもたない魂たち（プシュケー・アソーマトーン）の住処《すみか》」であるという。これは、「ヤコブの梯子《はしご》」として知られる『創世記』(28:12) のエピソード――ヤコブの夢のなかにあらわれたという、天上と地上をつなぐ梯子を昇り降りする天使たち――を踏まえたもので、フィロンによると、この話は「空気のなかには不滅にして不死の魂たちが住んでいて、その数は星の数に等しい」ことを意味している。それらの魂もしくは天使たちのなかには、大地や物質のほうにより惹《ひ》かれる魂もあれば、反対に、「肉体を牢獄《ろうごく》や墓場とみなし、それらから逃れるようにして、軽やかな翼でエーテルのほうへと高く舞い飛ぶものもある」、という（『夢について I』133-145）。ここでフィロンは、「魂（プシュケー）」という語を使っているが、これはその天使的性格において、基本的に「プネウマ」とも大きく異なるものではない。ちなみに今日でも、雲間から太陽の光が帯状に降りて見える自然現象を称して「天使の梯子」と呼んでいるが、これは『創世記』のヤコブの夢の話に由来する。

光の天使

このように、自然現象と強く結びついた天使のイメージは、すでに旧約聖書にも何度か登場している。古くは『出《しゅつ》エジプト記』のなかで、神の使いはモーセの前に、「火の柱」や「雲の柱」となって姿をあらわすのである（13:21-22）。『詩編』にもまた、神は「雲を御自分のための車とし／風の翼に乗って行き巡り／さまざまな風を伝令とし／燃える火を御もとに仕えさせられる」（104:3-4）、とある。これらを踏まえて『エゼキエル書』でも、神は、「激しい風」が巻き起こす「大いなる雲」や、周囲に放たれる「火」や「光」に包まれて顕現してくる（1:4）。これらの風や雲、火や光もまた神に仕える天使たちのことにほかならないとするなら天使は、自然現象のなかに神的なものを見いだしてきた、原初のアニミズム的信仰にその根をもつとも考えられる。

神にもっとも近いとされる天使「熾天使《してんし》（セラフィム）」は、「六つの翼を持ち、二つをもって顔を覆い、二つをもって足を覆い、二つをもって飛び交っていた」（『イザヤ書』6:2）とされるが、ヘブライ語の「セラフ」とはもともと「燃える、焼く」という意味である。それゆえ光や炎のイメージとも密接に結びついている。

天使はいつどのようにしてつくられたのか、実はこれについては、神による六日間の天地創造が語られる『創世記』にもはっきりとは記されていない。これを受けてたとえばアウグスティヌスは、『神の国』（11:9）において、天使をほぼ光に等しいものとみなし、「神が「光あれ」と語られて、光がつくられたとき、その光において、天使たちの創造が解せられるのが正しいなら、天使たちが神の永遠の光を分有するものとしてつくられたにちがいない」（服部英次郎《はっとりえいじろう》訳）、と述べている。

このアウグスティヌスの説を図解しているというわけではないが、一〇世紀末の手写本『カエドモン創世記』の一葉（オックスフォード、ボードリアン図書館、Codex Unius p.6r／I–

15）には、天地創造の第一日目、光と闇《やみ》の分離についての興味深い解釈が描かれている。真ん中にいるのはロゴス（言葉）としてのキリストで、神に成り代わって創造をつかさどる。闇と光は、一部が重なる二つの円として示され、それぞれに天使がいる。闇の天使は、波打つ水面から上半身をのぞかせ、両手で目を覆っている。この天使はおそらく、『創世記』の冒頭に出てくる、「闇が深淵《しんえん》の面《おもて》にあり、神の霊が水の面を動いていた」とある「神の霊」に対応するものだろう。この「霊」はギリシア語では「プネウマ」となる。万物創造以前のこの「霊」を、「人の知識をはるかに超えた愛」、つまり神の愛と読み替えたのは、やはりアウグスティヌスである（『創世記逐語注《そうせいきちくごちゅう》解《かい》』）。

Ⅰ-15　《光と闇の分離》

一方、キリストの頭上にはもうひとりの天使がいて、鉢のようなものから光線をいっぱいに降り注いでいる。これはおそらく、アウグスティヌスのいう、「神の永遠の光を分有する」天使ではないだろうか。天使は神の被造物であるが、同時に神の創造行為にも参加し協力する。こうして、不可視の神の光は、天使によって、わたしたちにも見えるものとなる。熾天使の輝きがそうであるように。それが可能となるのも、天使が、天上と地上、眼に見えないものと見えるもの、精神的なものと物質的なものとをつなぐ役割を果たしているからである。

一方、神を取り囲んで神の栄光と威厳を示すとされる「智天使《ちてんし》（ケルビム）」の名は、古アッシリア語やアッカド語の「ケルブ」や「クリブ」に語源があるとされ、それらには「偉大な、強大な」とか「祝福された、崇拝された」という意味があるといわれる。その姿は、旧約聖書によると、「四つの顔と四つの翼があり、翼の下には人間の手の形をしたものがあった」（『エゼキエル書』10:21）。この半人半獣の天使は、名前もメソポタミア起源なら、怪物のようなその異形《いぎょう》もまた、翼のある牛やライオンの身体に人間の顔をつけた人面獣身のメソポタミアの守り神たち――「ラマッス」など――に起源があるとされる。

このように、一神教のユダヤ教のうちにも、天使的なもののイメージを介して、多神教の神々のイメージが早くから入り込んでいたのである。古代バビロニアにはさらに「マルドゥク」と呼ばれる有翼の守護神が、ゾロアスター教には「フラワシ」と呼ばれ森羅万象《しんらばんしょう》に宿る守護霊がいることも知られている。

「ストイケイア（自然界の諸要素）」としての天使

一方、旧約聖書の外典《がいてん》『ヨベル書』（2:2）にもまた、自然界にあふれる「天使」が次のように列挙されている。「火の霊の天使、風の霊の天使、暗闇《くらやみ》と雪と雹《ひょう》と霜と雲の霊の天使、音と雷鳴と稲妻の天使、寒さと暑さと冬と春と秋と夏の霊の天使、天と地と深淵にある彼〔主なる神〕の作品のすべての霊の（天使）、暗闇、光、暁《あかつき》および夕（の霊の天使）」（村岡崇光《むらおかたかみつ》訳）。このように見てくると、天使にはもともと、すべてのものに霊が宿るとされるアニミズムにも通じるような性格が与えられていたことがよくわかる。

自然界にあまねく宿るこうした霊はまたギリシア語で「ストイケイア」の名でも呼ばれていた。たとえば、使徒ペテロが書いたとされる『ペトロの手紙 二』には、黙示録的なこの世の終末のヴィジョンが次のように記されている。「主の日〔最後の審判の時〕は盗人《ぬすびと》のようにやって来ます。その日、天は激しい音をたてながら消えうせ、自然界の諸要素（ストイケイア）は熱に熔《と》け尽くし、地とそこで造り出されたものは暴《あば》かれてしまいます」（3:10）。「ストイケイア」はもともと、自然を構成する基本的な要素、すなわち四大元素《しだいげんそ》――火、空気（風）、水、土――を指す。

それゆえ、アニミズム的で多神教的でもあるようなこの「ストイケイア」を、キリスト信仰を脅《おびや》かすものとして、早くから使徒パウロが鋭く批判しているのは、おそらく偶然ではない。たとえば、次のような調子で。「人間の言い伝えにすぎない哲学、つまり、むなしいだまし事によって人のとりこにされないように気をつけなさい。それは、世を支配する霊（ストイケイア・トウ・コスモウ）に従っており、キリストに従うものではありません」（『コロサイの信徒への手紙』2:8）。

パウロによれば、自分たちもまたキリストを知るより前は、これらアニミズム的な諸霊（ストイケイア）を信じていたという。いわく、「わたしたちも、未成年であったときは、世を支配する諸霊に奴隷《どれい》として仕えていました」（『ガラテアの信徒への手紙』4:3）、と。逆にキリストを知った今、パウロは、かつての諸霊にしがみついている人たちを厳しく攻撃することになる。「あなたがたはかつて、神を知らずに、もともと神でない神々に奴隷として仕えていました。しかし、今は神を知っている、いや、むしろ神から知られているのに、なぜ、あの無力で頼りにならない支配する諸霊の下に逆戻りし、もう一度改めて奴隷として仕えようとしているのですか」（同 4:8-9）。

これらのパウロの手紙から逆に推察されるのは、キリスト教の黎明期《れいめいき》にあっては、天使のイメージはいまだ異教のさまざまな霊たちと混同されるか、未分化のままであったらしい、ということである。パウロはそこに明確な境界線を引こうとしたのだろう。だが、それは必ずしも成功したとはいいがたい。なぜなら、先述した図像において顕著《けんちょ》に見られるように、異教の神々とのあいだで多彩な習合《しゅうごう》が起こっていたからである。このことは、当時の人々の想像力において、天使のイメージがいかに自由な広がりを見せていたかの確かな証拠でもある。

「ゲニウス（守護霊）」と守護天使

古代ローマにはまた、「ゲニウス」と呼ばれる守護霊たちがいた（ギリシアでは「ダイモン」がこれに相当するが、それについては第Ⅳ章で述べる）。「天才」や「才能」という意味の英語「ジーニアス」の語源となった名詞だが、もともとは人や場や事物に宿る守護霊のことをさしていた。今日でも土地の守り神として「ゲニウス・ロキ」という語が使われることがある。なかでも、家や四辻《よつつじ》、道路や旅の守り神は「ラレス」と呼ばれ、有翼の少年彫像として表わされて、家の前庭などに飾られたり、壁に描かれたりしていた。ポンペイの壁画やブロンズ小像（《ラレス》一世紀、ナポリ、国立考古学博物館／Ⅰ-16）などが示しているように、その像はたいてい軽快に舞うように片足立ちをしていて、両手で豊穣《ほうじょう》を示す角（リュトン）と皿

I -16 《ラレス》

（パテラ）をかざしている。
一方、新約聖書にも「ゲニウス」に相当するような守護天使が顔を見せている。「迷える子羊」のたとえを用いてイエスは、「彼らの天使たちは天でいつもわたしの天の父の御顔を仰いでいるのである」と諭《さと》している（『マタイによる福音書』18:10）。つまり、「迷える子羊」たちを守ってくれる天使がいるのだ。『使徒言行録』にはまた「ペトロを守る天使」（12:15）という記述もある。

守護者としての天使の役目は、さらに古くは旧約聖書にもたどることができる。天使は、神のメッセージを伝えたり、神の栄光を称えたりするという、神に奉仕する役目を帯《お》びているばかりではない。人間の生活とも密接なかかわりを持っているのである。たとえば、アブラハムが述べるには、息子イサクの嫁取りの手助けをしてくれるのは、ほかでもなく天使である（『創世記』24:7）。『詩編』にはさらに、「主はあなたのために、御使いに命じて／あなたの道のどこにおいても守らせてくださる」（91:11）、とある。「御使い」とはもちろん天使のことである。エルサレムの城壁には「見張り」役の天使たちが置かれていたという（『イザヤ書』62:6）。

また『トビト記』には、目の病を患《わずら》った父親トビトのために、息子トビアが大天使ラファエルに守られてはるばる長旅をして妙薬《みょうやく》を手に入れ、めでたく父親を治癒《ちゆ》させる顚末《てんまつ》が語られる。この天使はそれゆえ、旅の守り神でもある。これらユダヤ伝来の守護天使は、おそらくはどこかの時点で、異教の守り神ローマの「ラレス」と出会っていたに違いない。天使と呼ぶにせよ、ゲニウスやラレスと呼ぶにせよ、あるいは別の名前にせよ、古今東西《ここんとうざい》を問わず人々は、生活の安寧《あんねい》や繁栄を何らかの霊的な存在に託してきたのである。

Ⅰ-17　アンティヴェドゥート・グラマティカ《守護天使》

守護天使や「トビアと天使」のテーマは、とりわけルネサンスからバロックにかけて美術の主題として好まれたもので、そこには、子どもの無病息災《むびょうそくさい》、いわゆる「かわいい子には旅をさせろ」、親への孝行、信仰への誘いなどといった、さまざまな祈願が込められてきた。幼子を神の光のほうへと導く守護天使の図像は、場合によって、たとえばアンティヴェドゥート・グラマティカ（一五七一―一六二六）の作品（一六一〇年、ローマ、サンタゴスティーノ聖堂／I‐17）が示すように、天使に案内されて目的地に向かう少年トビアと天使の旅の図像と類似してくることがある。それらの遠い起源には、おそらくローマの「ゲニウス」にして家や旅路の守り神「ラレス」が控えていると考えられるのだ。

宇宙を動かす天使

森羅万象をつかさどる霊（ストイケイア）としての天使というイメージを、使徒パウロができるだけ払拭《ふっしょく》しようとしていたこと、しかしながら、それが必ずしも功《こう》を奏《そう》したわけでないらしいことは、先に述べたとおりである。この霊が自然の四大元素――地・水・風・火――にたいして働きかけるとするなら、その力ははるか宇宙にまで及ぶはずである。たとえば、旧約聖書の外典『エノク書』には、語り手であるエノクを導いて、宇宙と自然の壮大なヴィジョンを披露してみせる天使たちが登場する（17‐18）。その宇宙のからくりを見せられたエノクは、誇らしげにこう語る。「わたしはまた天空を回転させ、太陽とすべての星の回転を西空に没せしめる風を見た」(18:4)、と。風つまり天使が、天空の星の回転を見事につかさどっているのである。太陽もまた回転するというのは、もちろん、地球中心の天動説に則《のっと》っているからである。

さらに『エノク書』には、「天と地の中間に立ち、天の柱となっている風」(18:3)や、「地と天蓋《てんがい》を支える四つの風」(18:2)を操ることのできる天使たちが登場しているが、これらは先述のように、『創世記』の「ヤコブの梯子」や、『ヨハネの黙示録』の「大地の四隅に立つ四人の天使」に対応するものである。

また先述のとおり、パウロによるいくつかの手紙においては、自然の霊(ストイケイア)を天使から切り離し、その信仰を抑えようとする意図が働いていた。それと同じように、新約聖書においても(『黙示録』は例外として)、宇宙論的でアニミズム的な天使のイメージが表面化することはない。だが、ユダヤ教や異教にさかのぼるなら、天使論は宇宙論とも交差していたと考えられるのである。

太古の文明より広く占星術《せんせいじゅつ》なるものが存在してきたとするなら、そしてそれは宇宙物理学の発達した今日でもけっして廃《すた》れてしまったわけではないとするなら、その理由は、星の運行が人間に影響を与えると考えられてきたからであり、その運行を操る力が想定されてきたからである。

I-18　《東方三博士の礼拝》
I-19　ニコラ・ピサーノ《東方三博士の礼拝》

ベツレヘムにイエス・キリストが生まれることを星の動きから知って、貢物《みつぎもの》をもってはるばる拝みにきたのは、東方の「占星術の学者たち」（『マタイによる福音書』2:1-2）であった。「東方三博士《とうほうさんはかせ》の礼拝」として、その後くりかえし図像化されたテーマである。福音書には言及がないにもかかわらず、この「星」とともに天使が描かれることがある。たとえば、作者不詳の八世紀の浮彫り（七三七―七四四年、チヴィダーレ・ディ・フリウリ、大聖堂付属キリスト教博物館／I-18）では、当時の特徴である荒削りの様式ながら、三人のマギの上を天使が飛ぶ姿がたしかに捉《とら》えられている。福音書がいかに言及を控えようとも、人々の想像力のなかでは、天使と星は密接に結びついてきたのである。
時代は下がるが、ニコラ・ピサーノ（一二二五／二〇―七八／八四）もまた、ピサ洗礼堂の説教壇の浮彫り（一二六〇年／Ⅰ-19）で、聖母子とマギのあいだに有翼の天使を配し、星に導かれて旅をしたという話を天使によって置き換えて表現している。

九つの天空と九つの天使の位階

天体を動かす天使たち、この宇宙論的なイメージを前面に打ち出したのは、詩聖ダンテ（一二六五―一三二一）の大叙事詩『神曲《しんきょく》』である。その「天国篇」でダンテは、天使を「天《てん》球《きゅう》を回転させる者」（第二九歌43）といいかえ、その働きを「純粋行為（プーロ・アット）」（同33）と呼び、さらに第二八歌で、ベアトリーチェの口を借りて天球の回転の仕組みを説明している。そのくだり（64-78）を引用しよう。

目に見えるもろもろの天球は、その各部にゆきわたる
力の大小に応じて、

あるいは広く、あるいは狭くできています。
力が大きければその影響力もまた大きく、
それを中に包含《ほうがん》する体も、各部が均質であるとすれば、
それだけ大きくできているはずなのです。
ですから自分とともに残りの宇宙をことごとくまわす
この天は、愛と智恵《ちえ》がいちばんふかい
火輪に相応《あいおう》じているのです。
おまえの眼に円《まる》く輪をなして見えるものの
外見でなく、その力にたいしておまえが
おまえの物差《ものさし》をあてるなら、
大きな天は大きな知性に、
小さな天は小さな知性に、いずれも見事に
対応していることがわかるでしょう。（平川祐弘《ひらかわすけひろ》訳）

ダンテはさらにこれら九つの天球——七つの惑星、恒星天、原動天——を、それぞれ、当時すでによく知られていた天使の九つの位階《いかい》に対応させる。この位階は、偽ディオニシオス

（五世紀）の著とされる『天上位階論』にさかのぼるもので、神学的にも政治的にも大きな影響を及ぼしてきた書物である（ダンテの時代にはまだこの本は、使徒パウロによって改宗し、その弟子となった一世紀のディオニシオスの作と信じられていた）。高いものから順に、熾天使（セラフィム）、智天使（ケルビム）、玉座の天使、統治の天使、権威の天使、権力の天使、主権の天使、大天使、天使というのが、その位階である。熾天使が原動天を、智天使が恒星天を動かし、さらに上から順にそれぞれが、土星天、木星天、火星天、太陽天、金星天、水星天、月光天を動かすという具合に対応する（同 97-126）。

『天上位階論』についての詳細はここでは省略するが、こうした天使の格付けは、教会組織のヒエラルキーのみならず、世俗的な権力支配の構造にも大きな影響を与えてきたとされる（アガンベン）。ユダヤ教や異教の伝統をいやがうえにも引きずり、混同や混乱を引き起こしてきた天使のイメージを整理して格付けする、というのがこの本の狙いだったと考えられる。事実、ユダヤ教では大天使――ミカエルやラファエル――は高い位置を占めていたが、この本では、人間により近い存在として下から二番目の低い地位に置かれている。また、九つの位階は、上から三つずつ順に三位一体の父と子と聖霊に対応しているが、ダンテもこれに倣《なら》っている。

いずれにせよ、わたしたちの議論にとって興味深いのは、ダンテが、九種の各天使たちを宇宙の運動の担い手であると捉えていた点である。しかもダンテによると、天使がもたらすこうした星々の運行は、人間の心身に影響を及ぼさないではいない。同じ「天国篇」の第二歌には以下のようにある。

さまざまな力が、天体に応じてさまざまに結合し、
天体に活力を賦与《ふよ》しますが、それは
生命がおまえたち人間に結びつくさまに似ています。
そして喜びの天使から由来するだけに、
この力は天体とまじりあうと
瞳《ひとみ》に歓喜の輝くごとく、星となって光るのです。(139-144)

興味深いことに、ここではさらに、一者（神）から聖なるものが天空を通って地上に連続的に流出してくるという考え方や、マクロコスモス（宇宙）とミクロコスモス（人間）とが照応し合っているという考え方、つまりは新プラトン主義的な思想が、天使論と結びついていることが読み取れる。ダンテはまた同じく「天国篇」の第二歌で、神の感銘を受け止めて美しい星が天空にきらめくさまを、人間の肉体のなかで霊魂（アルマ）が五体へいきわたる

さまになぞらえている（130–135）。これは、皆さんもすでにお気づきのように、古代のプネウマ論やダイモン（ゲニウス）論にも近い考え方である。こうして、ダンテにおいて、天使を媒介として宇宙論と生理・心理学とが合体することになる。

しかしながら、天使ないし天体の動きが地上の物質や肉体に影響を与えるという占星術的な発想は、正統的なスコラ哲学では認められないものであった。他方、この点でダンテは、本章の最初に述べたルネサンスにおける裸童たちのイメージ――「スピリテッリ」や「プッティ」――を先取りしているともいえる。天使の喜びは星を輝かせると同時に、人間の瞳を歓喜の輝きであふれさせる、というのだから。わたしたちは、眼には見えない天使を介して、星々と交信しあっているのだ。

天使の魔術

とはいえ、ダンテに限らず、また魔術や異端の嫌疑《けんぎ》がかかるとしても、天体を動かす天使のイメージは中世にたしかに存在していた。写本細密画《しゃほんさいみつが》などに見られる、天空を回す天使の図像がその証拠である。一二世紀の末にプロヴァンス地方で書かれた詩集『愛の聖務日課《せいむにっか》』の一四世紀の写本（ロンドン、大英図書館、Royal 19 C. 1, f 34v／Ⅰ‐20）には、地球を軸にし

I-20　《天空を回す天使》

た車輪のような宇宙を、その外側から梃子《てこ》で回している天使の姿が描かれている。

　さらに同様のテーマに関連して、トレドのサンタ・クルス美術館には、一五世紀にフランドルで制作された貴重なタペストリーが保管されている。《天体観測儀のタペストリー》（I-21）とも呼ばれるその作品は、縦四・一五、横八メートルにもなる大作で、もともとトレドの大聖堂内部の壁に掛けられていたものである。

　画面の中央の大きな円は宇宙を表わす。北極星を中心にして、上には黄道帯《こうどうたい》の十二星座や星たち、下には自然界が配されている。画面左には、L字型のハンドルを手にして、この宇宙を回転させている大きな天使の姿が見える。そのさらに左には、幾筋もの炎に包まれた父なる神がいて、「第一動因（プリメ・モヴェル）」として、天使に動きを指図している。その下に控えているのは、天空を支える異教の神アトラスである。一方、画面の右側には、哲学や幾何《きか》学や算術を表わす女性寓意《ぐうい》像とともに、古代の天文学者ヒッパルコス（紀元前一九〇頃—前一二〇頃）と詩人ウェルギリウス（前七〇—前一九）が参列している。

Ⅰ-21 《天体観測儀のタペスリー》

こうしてこの作品では、古代の異教の神話や宇宙観とキリスト教とが、面白い合体を見せているのである。天使が天体を回転させている、この考え方は、正統的な神学では認められないものだったろうが、フィレンツェの新プラトン主義者、マルシリオ・フィチーノ（一四三三―一九九、『プラトン神学』）にもまたお馴染みのものであった。異教的なニュアンスの濃いこのようなタペスリーが大聖堂に飾られたというのは、ルネサンスという時代だからこそ可能だったのかもしれない。

同じ時代、医師で神学者にして魔術にも通じていたドイツの異才、ネテスハイムのアグリッパ（一四八六―一五三五）もまた、黄道十二宮《きゆう》を動かしているのは天使であるとみなしていた。「ケプラーの法則」を唱えたヨハネス・ケプラー（一五七一―一六三〇）や、それ以後の天文学の発展のことを念頭に置くと、星の運行に天使がかかわっているという説は、迷信もはなはだしいということで一笑に付されるかもしれないが、それでもなお、宇宙が神秘に満ちあふれていることは、今も変わらない事実である。

一方、ドイツの修道院長で交霊術にも傾倒《けいとう》していたというヨハンネス・トリテミウス（一四六二—一五一六）は、天使を介してはるか遠方にいる人々と交信する方法を夢見たとされ、その書物は長らく禁書となった（一九〇〇年になってやっとそれが解かれた）。アグリッパは、彼の門下生であったともいわれる。この着想もまた荒唐無稽《こうとうむけい》なもののように思われるかもしれないが、今日のネット社会のあり方にどこか通じるところがなくはない。現代フランスの哲学者ミシェル・セールも示唆するように、眼に見えない電子の流れは、あたかも、かつて天使と呼ばれていたものの現代版でもあるかのようだ。

イングランドの名高い錬金術師《れんきんじゅつし》ジョン・ディー（一五二七—一六〇八）は、水晶球のなかに天使が潜んでいると考えていて、この水晶球を介して天使と交流することを思いついたといわれる。その水晶球とされるものが、今もロンドンの科学博物館に展示されている。この天使は、ディーによると、「エノク語」を話すとされるが、この名称はおそらく、天使や堕《だ》天使《てんし》たちが大活躍する旧約聖書の外典『エノク書』に由来している。水晶球がいつごろから占いに用いられるようになったのか、その経緯をわたしは知らないが、その半透明の球体のなかには、過去や未来がいっぱい詰まっているのであり、それを知りうるのは天使だけなのだ。天使と水晶球のつながりは、近代にもずっと生きつづけているが、それについては最後の章で述べることにしよう。

これもまた、良識ある読者の皆さんには、破天荒《はてんこう》きわまりない発想に聞こえるかもしれない。だが今日、一六世紀の人々には想像すらできなかったであろう新たな「エノク語」に、わたしたちの多くが虜《とりこ》になっている。映画やアニメやテレビである。時間と空間を変幻自在《へんげんじざい》に飛び越えてみせる映画の世界を、クリスタル――水晶あるいは結晶体――にたとえたのは、フランスの高名な哲学者ジル・ドゥルーズ（一九二五―九五）であった。かつて天使こそが、その翼と軽やかな身のこなしによって、時空を駆け巡り、豊穣なイメージの世界を伝達していたのだ。

天使はこうして、現代にも意外なかたちで生きつづけている。本章でわたしが強調しようとしたのは、天使の表象が、古来より基本的にずっと、キリスト教と異教、正統と異端との境界線を揺るがしてきた、ということである。無理やり境界線を引こうとする権威的思考にたいして、天使はしばしば抗《あらが》ってきたのだ。

第II章　天からの使者として

——天使とキリスト

かつてイエス・キリストは天使（のようなもの）とみなされていたことがある。そう聞けば皆さんはどう思われるだろうか。今日、信者であると否とにかかわらず、イエス・キリストのことを天使と呼ぶ人はおそらく誰もいないだろう。キリストと天使とはそれぞれ異なる存在として、はっきりと区別されている。

ところが、初期キリスト教時代——とりわけ一世紀から三二五年のニカイア公会議の頃まで——にさかのぼるなら、両者は同一とまではいわないとしても、とてもよく似たものとみなされていた節がある。というのも、神の使いが天使の役割だとするなら、イエスもまた、神の言葉を伝えるために天から地上に遣わされた者とされ、神のメッセージをこの世に届ける役割を担っているからである。その証拠に、たとえば『ヨハネによる福音書』は、次のようなイエスの発言を伝えている。「わたしをお遣わしになった父が、わたしの言うべきこと、語るべきことをお命じになった」（12:49）、と。

もちろん、だからといって、イエスと天使とが同一視されているというわけではないが、イエスが天使に近しいもの、天使にも比《ひ》すべきものとみなされていることは否定できないだろう。

かつてイエスは天使であった!?

新約聖書のなかには、たしかに、直接的にせよ間接的にせよ、あるいは否定的にではあれ、救世主（メシア）としてのイエスを天使になぞらえる考え方が古くからあったことをうかがわせる記述が、そこかしこに散見される。たとえば、一世紀の末に使徒パウロに近い人物によって書かれたとされる『ヘブライ人への手紙』には次のようにある。

御子［イエス］は、天使たちより優れた者となられました。天使たちの名より優れた名を受け継がれたからです。いったい神は、かつて天使のだれに、「あなたはわたしの子、わたしは今日、あなたを産んだ」と言われ、更にまた、「わたしは彼の父となり、彼はわたしの子となる」と言われたでしょうか。更にまた、神はその長子をこの世界に送るとき、「神の天使たちは皆、彼を礼拝せよ」と言われました。（1:4–6）

つまりここでは、イエスが天使に勝《まさ》ること、天使よりも優れた存在であることが、ことさらに強調されているのである。逆にいうとこのことは、当時ユダヤ人たちのあいだで、(少なくとも役割の点において)天使とイエスとが混同される場合もあったこと、あるいは天使崇拝とキリスト信仰とが拮抗《きっこう》していたことを傍証するものであるように思われる。さもなければ、この手紙の著者は、あえてヘブライ人(ユダヤ人)たちに向けて、このような警告を発する必要はなかったであろう。

右の引用の一節は、実は旧約聖書の『詩編』にある、「主はわたしに告げられた。「お前はわたしの子、今日、わたしはお前を生んだ」」(2:7)を踏まえているのだが、ほかでもなくこの部分は、ユダヤ人のあいだで伝統的にメシアの到来と結びつけて解釈されてきた。手紙の著者は、そのことをはっきりと知っていたに違いない。だからこそ、それは天使のことではない、イエスこそまさしくその人だ、と釘《くぎ》をさしているのである。

同じく『ヘブライ人への手紙』にはまた次のようにある。「あなた[神]は彼[イエス]を天使たちよりも、わずかの間、低い者とされたが、栄光と栄誉の冠を授け、すべてのものを、その足の下に従わせられました」(2:7–8)。まるで念を押すかのように、ここでもふたたび、キリストと天使とがはっきり区別されること、イエスが到来した今、後者は前者に従属することが確認されているのである。

何としても天使をキリストの下におこうとするこの手紙では、ダヴィデ王の末裔《まつえい》とされるイエス・キリストその人は、ひるがえって、ほとんど神にも匹敵する存在にまで高められている。その証拠に、神は「御子［イエス］によって世界を創造されました」(1:2) とすらいうのだ。

さらに、使徒ペトロ（ペテロ）が紀元後六〇年代の半ばに書いたとされる『ペトロの手紙一』にもまた、救世主メシアたるキリストは天使をしのぐことが説かれ、「キリストは天に上《のぼ》って神の右におられます。天使、また権威や勢力は、キリストの支配に服しているのです」(3:22) と記されている。

これら初期キリスト教時代の使徒たちの手紙が間接的に証言しているのは、くりかえしになるが、当時キリストを天使にたとえる考え方がたしかに流布していたらしいということであり、それゆえ、使徒たちは何とかしてそれを牽制《けんせい》しようとしている、ということである。このことをわたしはあえてここで強調しておきたい。

事実、パウロは別の書簡でも何度か、天使について否定的あるいは消極的に言及し、天使にたいするキリストの優位を切々《せつせつ》と説いているのだが（『ローマの信徒への手紙』8:38-39、『コリントの信徒への手紙 一』6:3; 15:24 など）、にもかかわらず、そのパウロ本人でさえ、天使とキリストとを同類のものとみなしていることをうかがわせる証言を残しているのである。

いわく、「わたしを神の使いであるかのように、また、キリスト・イエスででもあるかのように、受け入れてくれました」(『ガラテヤの信徒への手紙』4:14)、というのだ。ここでイエスと併置《へいち》されている「使い」を意味するのはギリシア語の「アンゲロス」だから、パウロもまた、おそらく図《はか》らずも、キリストを天使になぞらえる当時の風潮に引きずられているのである。逆にいうと、だからこそ使徒たちは、キリストと天使のあいだに明快な境界線を引き、上下関係を打ちたてようと躍起《やっき》になっていたのだ。

ユダヤの天使崇拝

一方で、当時ユダヤ人たちを中心に天使崇拝が広がっていたらしいことも、同じくパウロによる書簡が証言している。たとえば『コロサイの信徒への手紙』によると、「偽りの謙遜《けんそん》と天使礼拝にふける者から、不利な判断を下されてはなりません。こういう人々は、幻《まぼろし》で見たことを頼りとし、肉の思いによって根拠もなく思い上がっているだけで、頭《かしら》であるキリストにしっかりと付いていないのです」(2:18–19) とされ、キリスト信仰にたいして天使崇拝が厳しく非難されていることがわかる。

ユダヤにおける天使崇拝は、終末思想と救済の期待とともに、第二神殿時代(前五一六―

後七〇）に次第に高まっていったとされる。つまり、その終盤は、ちょうどイエスの時代や、その弟子たちが活躍をはじめる時代と重なり合うのである。

さらにさかのぼるなら、ユダヤ人のあいだでの天使崇拝は、古くは、たとえば旧約聖書の『トビト記』（前三世紀末から前二世紀初め）のなかで、大天使ラファエルの援助のおかげで視力を回復したトビトが、感涙《かんるい》にむせびながら天使を称えたという逸話に証言されている。それによると、「神のすべての聖なる天使をほめたたえます。神の大いなる御名によってわたしたちが守られますように。すべての天使をとこしえにほめたたえます」（11:14）、という。

パウロはさらに、「サタンでさえ光の天使を装《よそお》うのです」（『コリントの信徒への手紙 二』11:14）と述べることで、天使と堕天使サタンの関係をそれとなく暗示すると同時に、これこそキリスト者が戦うべき相手であると説く。すなわち、「わたしたちの戦いは、［……］支配と権威、暗闇の世界の支配者、天にいる悪の諸霊を相手にするものなのです」（『エフェソの信徒への手紙』6:12）、というわけである。ここで「諸霊」と訳されているのは、原語のギリシア語では「プネウマ」という名詞だから、前章で見てきたことを思い起こすなら、パウロは、「プネウマ」と「天使」とを同一視するアレクサンドリアのフィロンのような考え方におそらく馴染んでいたものと思われる。

つまり、パウロを筆頭に使徒たちは、一方ではユダヤ教の天使崇拝にたいして、他方では異教のダイモンやゲニウスへの崇拝にたいして、新たにイエス・キリストへの信仰を打ち立てようとしていたことになる。が、前章でも見てきたように、天使がダイモンやゲニウスと同一視されるか、ひじょうに近いものとみなされていたように、キリストと天使との境界線も、当初はかなり揺らいでいたようだ。

神の顕現――天使かキリストか？

さらに、新約聖書の最後を飾る『ヨハネの黙示録』には、神とキリスト、天使とサタンをめぐるさまざまなタイプの幻想的イメージが跋扈《ばっこ》しているが、そのなかには天使とキリスト、そのいずれにも解釈されてきたものがある（ピーター・キャレル）。たとえば、ヨハネが何度か目にしている神の顕現（テオファニー）の輝かしい光景のいくつかがそれにあたる（1:13-16; 14:14; 19:11-16）。

これらの幻視《げんし》はいずれも、旧約聖書中の預言の書である『エゼキエル書』や『ダニエル書』に起源をもつことが知られている。たとえば前者では、「わたしが見ていると、人の有様のような姿があるではないか。その腰のように見えるところから下は火であり、腰から上は琥珀金《こはくきん》の輝きのように光輝に満ちた有様をしていた」（『エゼキエル書』8:2-3）、という。

つまり、本来は不可視の神の顕現は、燃え光輝く天使的なイメージ――熾天使（セラフィム）や智天使（ケルビム）――に包まれて表現されているのである。

パトモス島のヨハネに最初に顕《あら》われるヴィジョンも同じような様相を呈《てい》している。「燭台《しょくだい》の中央には、人の子のような方がおり、足まで届く衣を着て、胸には金の帯を締めておられた。その頭、その髪の毛は、白い羊毛に似て、雪のように白く、目はまるで燃え盛る炎、足は炉《ろ》で精錬されたしんちゅうのように輝き、声は大水のとどろきのようであった」（『黙示録』1:13-14）。ここでいう「人の子」は、伝統的に、天使とキリストのいずれにも解釈されてきた。

一般論でいうなら、神の言葉の伝え手というその使命において、さらに神と人間とをつなぐ存在であるという点で、キリストを天使にも等しいものみなす考え方が「天使キリスト論（エンジェル・クリストロジー）」と呼ばれるのにたいして、キリストを天使のイメージに重ね合わせる見方は「天使型キリスト論（エンジェルモルフィック・クリストロジー）」と呼ばれて区別されているが、両者の違いもまた相対的なものである。『黙示録』のヴィジョンは、どちらかというと、後者に近いものとみなすことができるだろう。

同じく『黙示録』にはまた、「燃え盛る炎のような」目をした神的ヴィジョンが登場し、その名は「神の言葉［ロゴス］」と呼ばれ、天使たちからなる「天の軍勢」を従えている、とある（19:12-14）。福音書記者ヨハネ――『黙示録』の著者とされるヨハネとは別人――によれば、神としての「ロゴス」が「肉［サルクス］」つまり人間となったものがイエス・キリストにほかならないから、このヴィジョンが示しているのは、当然ながらイエスその人のことであると考えられるが、その姿は人間というよりも異形の天使的な様相を呈している。しかも彼は、天使たちの「軍勢」を従えている、というのだ。

一方、『黙示録』に大きな影響を与えたとされる『ダニエル書』（10:13-21）によれば、「天の軍勢」を率いているのは「天使長ミカエル」にほかならない。さらに『黙示録』においてミカエルは、「神のメシアの権威」（12:10）ともいいかえられているから、救世主メシアとしてのイエスと大天使ミカエルとの境界もまた、必ずしも明快とはいえない。しかも、やはり前章で見たように、アレクサンドリアのフィロンによれば、神のロゴスと天使とはきわめて近い存在であった。

さらに、この『黙示録』における天使のごときキリストは、「正義をもって裁《さば》き、また戦われる」（19:11）という。この記述は、聖書解釈において、旧約聖書の『歴代誌 上』（21:15）に登場する、エルサレムを滅ぼすべく神によって遣わされた「御使い」、すなわち天使に依拠するとされる。しかも、この裁きの天使はまた、同じく旧約聖書のなかでも比較的新しい『知恵の書』（紀元前一世紀のアレクサンドリアで成立）の一節、「あなたの全能の言葉は天の王座から、情け容赦《ようしゃ》のないつわもののように、この滅びの地に下った」（18:15）と結びついて、神の「全能の言葉」としても解釈されている（ピーター・キャレル）。

話がやや込み入ってきたかもしれないが、要するにここでわたしが強調しておきたいのは、救世主と神の言葉と天使とを重ね合わせる発想の起源は、すでに旧約聖書のなかにもたどることができる、という点である。メシアとロゴスとアンゲロスの境界線もまた揺らいでいるのだ。

外典のなかの天使とキリスト

ところで、ここまで見てきたように、使徒たちが否定的で間接的にのみ言及するか、『黙示録』においてやや晦渋《かいじゅう》な言い回しで暗示されていた、天使としてのキリストという考え方が、それらよりもずっとストレートに、しかもむしろ肯定的に表明されているのが、いくつかの外典である。

たとえば、計百十四のイエスの語録からなる『トマスによる福音書』（三世紀までに成立、一九四五年に再発見、荒井献《あらいささぐ》訳）のひとつには、以下のようにある。

イエスが彼の弟子たちに言った、「私を（誰かに）比べてみなさい。（そして）私が誰と同じであるかを言ってみなさい」。シモン・ペテロが彼に言った、「あなたは義なる御使いと同じです」。(13)

「御使い」とはもちろん天使のことである。つまりここでは、『ヘブライ人への手紙』のなかで批判されていたキリスト＝天使説が、正面から堂々と主張されていて、福音書や使徒たちの書簡にたいして、明らかに論争的な意図をもって著わされたことがわかるのだ。

さらに顕著なのが、二世紀の興味深い黙示文学『ヘルマスの牧者《ぼくしゃ》』（荒井献訳）である。五つの「まぼろし」ないし「啓示《けいじ》」、十二の「いましめ」、そして十の「たとえ」からなるこの特異な使徒《しと》教父《きょうふ》文書《もんじょ》は、訳者の解説によると、「おそらくローマ郊外に農園を所有する一般信徒」ヘルマスなる人物によって著わされ、二、三世紀に広く読まれたという。

何よりも特徴的なのは、全編にさまざまな天使たちが次々と登場してくることである。ほぼ登場順に並べてみるなら、六人の「最初に創られた、神の聖なるみ使いたち」（「第三のまぼろし」4:1）、「最高の聖なるみ使い」（「第五の啓示」1）、「悔改《くいあらた》めのみ使い（天使）」（「第五の啓示」7、「第十二のいましめ」4:7、同6:1、「第九のたとえ」1:1、同23:5、同24:3、同31:3、同33:1）、「至福の天使」（「第五のいましめ」1:7）、「義の天使」および「悪の天使」（「第六のいましめ」1:3–10、「第六のたとえ」3:3)、「預言の霊のみ使い」(「第十一のいましめ」9)、「聖なるみ使い」(「第五のたとえ」4:4、同6:7)、「贅沢《ぜいたく》と欺瞞《ぎまん》の天使」(「第六のたとえ」2:2)、「栄光の天使」(「第七のたとえ」1–3、「第八のたとえ」1:1、「第九のたとえ」1:3)、「主の天使」(「第七のたとえ」5、「第八のたとえ」1:5、同2:1)、「懲罰《ちょうばつ》の天使」(「第七のたとえ」6)、ミカエル(「第八のたとえ」3:3)、などといった調子である。

ただひとり、そしてただいちどだけ固有名詞で呼ばれている大天使ミカエルを除いて、他の天使はすべて名前ではなくて形容句を冠《かん》して示されているが、その数の多さは、古代ローマのさまざまな守護霊(ゲニウス)とのつながりを連想させるとともに、ユダヤにおける天使崇拝の痕跡《こんせき》をもとどめているように思われる。

もちろん、よく読むと、これらすべてが別の天使というわけではないことがわかる。たとえば、ヘルマスに顕われる「牧者」とは「悔改めの天使」のことで、この天使が著者のヘルマスに「いましめ」や「たとえ」をつうじて語りかける。この天使をヘルマスに派遣したのは「最高の聖なるみ使い」である。こうして「悔改めの天使」はヘルマスの家に遣わされて、「生涯の残りの日々をおまえ[ヘルマス]と共に住むように」(「第五の啓示」2)なるというから、この天使は、古代ローマの異教における家の守護神ラレスにも近い存在であると考えられる。ここでも異教とキリスト教のあいだで、ある種の習合が起こっているのである。

一方、「義なる天使」には「懲罰の役が与えられている」(「第六のたとえ」3:3) ことから、「義の天使」と「懲罰の天使」とは同一とみなされていることがわかる。また、「主の栄光の天使」(「第八のたとえ」1:2) という言い回しからも推測されるように、「主の天使」と「栄光の天使」もまた同じものであるが、これらは複数形で呼ばれることもある。そのなかでも「大いなる栄光の天使」が、大天使ミカエルにほかならない。著者ヘルマスによると、ミカエルは「民の上に権力を有し、彼らを支配している。彼自らが彼らに、信徒たちの心の中に律法を与えたのである」(「第八のたとえ」3:3)。

とりわけ興味深いのは「預言の霊のみ使い」である。この天使はまた、「聖霊」とか「主の神性の霊」とかと呼びかえられる (「第十一のいましめ」9-10)。つまり、「プネウマ」と同等のものなのだ。ここにもまた、ヘレニズム的なプネウマ＝天使説が深く影を落としている。

くわえて、「第九のたとえ」に登場する「大きなからだの人」(6:1) は「神の子」つまりキリストのことをさすが、その少し前の節で「すごく背の高い主の栄光の天使」――ミカエルのこと――について聞かされている読者には、両者の区別がなかなかつきにくい。つまり、「神の子」と大天使ミカエルとのあいだにも、明快な境界線が引かれてはいないように読めるのだ。

しかも、天使について「最初に創られた、神の聖なるみ使いたち」(「第三のまぼろし」4:1)

と述べる一方で、キリストについても「神の子は全被造物よりも先に生れ」（「第九のたとえ」12:2）と記される（傍点は引用者）。要するに、天使も神の子も、ともに万物の創造よりも前に創られた、というのである。

その一方で、「神の子のみ名は大いなるもので捉えることができず」（「第九のたとえ」14:5）とされ、キリストが特別に「神の名」を帯びていることが確認されている。これは、「神はキリストを高く上げ、あらゆる名にまさる名をお与えになりました」という、新約聖書の『フィリピの信徒への手紙』にある言葉（2:9）を踏まえたものである。とはいえ、旧約聖書にさかのぼるなら、天使もまた「神の名」を帯びることがある。たとえば、モーセに遣わされた神の使いは、「神の名」を帯びているがゆえに、モーセはこれに逆らってはならない、とされるのだ（『出エジプト記』23:20-21）。

もちろん、「栄光の天使たちは、神の子によらなければ、神のみもとに行くことはできない」（「第九のたとえ」12:7）とあるように、「神の子」と「天使」とをはっきりと区別して、後者にたいする前者の優位を説いているくだりもあるにはある。これは、天使とイエス・キリストとを混同してはならないと警告した『ヘブライ人への手紙』に近い主張だが、そもそもこのテクスト『ヘルマスの牧者』の全編をつうじて、その見解に一貫性があるというわけではは必ずしもない（複数の著者によって書かれたとする説もあるほどだ）。

異端視された天使キリスト論

『教義史綱要』で名高い神学者アドルフ・フォン・ハルナック（一八五一―一九三〇）によると、『ヘルマスの牧者』の著者は、異端とされた「養子的キリスト論」――イエスはその受胎からではなくて、洗礼を受けた時点ではじめて神の子となった――の信奉者ではなかったか、という。

あるいは、父と子と聖霊の三位一体にたいして、やはり異端的な、子と聖霊の二位《にい》一体を唱える信者によって書かれたのではないかという説もある（Charles A. Gieschen）。この説によると、子イエスと聖霊とは、父なる神にたいして一段下の位に置かれる。これはもちろん、三二五年のニカイア公会議で正式に認められた、父と子を「同一実体（ホモウシオス）」とみなす考え方とは相容れないものである。とはいえ、二、三世紀にさかのぼるなら、後に異端として排除され抑圧されることになる考え方を支持する一派――アリウス派やエビオン派など――がたしかに存在したのであり、わたしたちが注目したいのも、そうした実態である。

いずれにしても、『ヘルマスの牧者』は、ヘレニズムやローマの伝統の幹にキリスト教が接木《つぎき》されたテクストとして読むことができるもので、ここでも、「神の子」キリストと天使とプネウマとが、きわめて近い存在として描かれているのである。『トマスによる福音書』や『ヘルマスの牧者』のような、初期キリスト教時代の外典が示しているのは、キリストと天使とを同等か、ほぼ同等のものとみなすような考え方が、たしかにあったということであり、早くもすでに福音書記者や使徒パウロたちは、これを何とか抑えようとしていた、ということである。

これにたいして、その説に関して好意的な教父や神学者がいなかった、というわけではない。たとえば、殉教者《じゅんきょうしゃ》ユスティノス（一〇〇―一六二頃）の『第一弁明』(63) によれば、「神の子とはそのロゴスのことです。またこのかたは、天使（告げ知らせる者）とも使徒（遣わされた者）とも呼ばれます。なぜなら彼こそが必要な知識を告げ知らせ、また己に告げられたことを解き明かすために遣わされているからです」（柴田有《しばたゆう》訳）。同書にはまた、「御子に似た善天使の軍団」(6) とも記されている。「御子」とはもちろんイエスのことにほかならない。

さらに、オリゲネス（一八四／五―二五三／四）の『ケルソス駁論《ばくろん》』(5:52-53) によれば、「人類全体に到来した彼［イエス］の業は、［中略］単純に天使の業ではなく、彼に関する預言が名付けたように、「偉大なる熟慮」（イザ九・六）の天使のそれである」（出村《でむら》みや子《こ》訳）という。ここでオリゲネスは、旧約聖書の『イザヤ書』に依拠して、イエス・キリストを天使（新共同訳では「万軍《ばんぐん》の主の熱意」）にたとえているのである。オリゲネスはまた、『諸原理について』（I:3.4）においても、『イザヤ書』を引きながら、「セラフィム（熾天使）は、神のひとり子と聖霊のことである」と注解している（小高毅《おだかたけし》訳）。天使とイエスと聖霊（プネウマ）とが、こうしてひとつに結びつくことになるのである。

一方、テルトゥリアヌス（一六〇頃―二二〇頃）は、キリストが「偉大なる熟慮の天使」と呼ばれることがあると認めつつも、天使とは使いのことであるから、「役目の点でそうだとしても、本性の点ではない」（『キリストの肉体について』14）と留保をつけることを忘れていない。つまり、天使とキリストは役目の点では似ているとしても、本性の点ではあくまでも異なっている、というのである。

天使キリスト論の現代における復活

ところで、このように初期キリスト教のなかにくすぶっていたキリストと天使との親近性をめぐるテーマが、現代においてもういちど注目されるようになったのには、ひとつの著作の存在が大きな役割を果たしている。かの名高い医者にして神学者で音楽学者でもあるアルベルト・シュヴァイツァー（一八七五―一九六五）の弟子だったドイツの神学者、マルティン・ヴェルナー（一八八七―一九六四）が一九四一年に上梓《じょうし》した『キリスト教教義の形成』がそれである。

このなかでヴェルナーは、シュヴァイツァーに倣って初期キリスト教の時代における黙示録的、終末論的《しゅうまつろん》傾向を強調するとともに、さらに初期キリスト教はユダヤ教の天使学から発展したという大胆な仮説を提示したのである。その重要な根拠とされるのは、旧約聖書の『ダニエル書』や外典の『エノク書』などに登場する黙示録的なメシア「人の子」が、天使のような存在とみなされている点である。さらにヴェルナーによれば、天使としてのキリストという考え方は、ニカイア公会議（三二五年）において異端として断罪《だんざい》されることになるアリウス派の考え――「子（イエス）」の位格《いかく》は「父（神）」の位格よりも劣《おと》る――に余命《よめい》を保っていたという。

この本は一九五七年には英訳も出版されたが、当然ながら予想されるように、多くの神学者たちから批判を浴びることになる。とはいえ、その見解を支持する神学者や研究者たちもいなかったわけではない。なかでもイスラーム学の泰斗アンリ・コルバン（一九〇三―七八）はそのひとりで、その著『一神教のパラドクス』（一九八一年）では、ヴェルナーの著書を、抑圧されてきたさまざまな伝統のつながりを浮かび上がらせた「勇気ある」研究として高く評価し、くわえてキリストと大天使ミカエルとの密接な関係性についても言及している（このテーマについてはすぐ後でわたしたちも検討することにしたい)。

浩瀚《こうかん》な『キリスト教史』を著わしたジャン・ダニエルー(一九〇五—七四)もまた、「初代教会」を扱ったその第一巻において、後に異端とされるようになるさまざまな宗派を検討し、そのなかにはキリストを天使になぞらえる一派——たとえばセト派——がたしかに存在していたことを跡づけた。

さらに一九九〇年代に入ると、「天使キリスト論」や「天使型キリスト論」についての著作や論文が、にわかにその数を増してくる。イタリアの哲学者ジョルジョ・アガンベンとともに天使論のアンソロジーを編んだエマヌエーレ・コッチャは、天使論とメシア論のあいだに存在してきた緊張関係を指摘し、天使とキリストとの類似性には、単に歴史的なだけではなくて、構造的で論理的な必然性があるとまで述べているほどだ(Emanuele Coccia)。

こうした近年の研究動向はもちろん、相次ぐ外典の発見や翻訳によって、それまで異端として退《しりぞ》けられてきた考え方や、負の烙印《らくいん》を押されてきた人物像——イスカリオテのユダやマグダラのマリアなど——にも、あらためて新しい光が当てられるようになったこととも無関係ではない。とりわけ初期キリスト教時代には、正統として今日まで伝えられてきたものばかりではなく、実にさまざまな教説がうごめいていたのである。そのことにわたしたちはもはや目を瞑《つぶ》ることはできない。

大天使ミカエルとキリスト

さて、ここで予告しておいた大天使ミカエルとキリストとの関係について話題を移そう。『黙示録』においてミカエルが「神のメシアの権威」(12:10) と呼ばれていること、『ヘルマスの牧者』において、キリストのイメージとミカエルのそれとが重なっていることは、すでに述べたとおりである。

くわえて間接的な証言も残されている。サラミスの主教エピファニオス(三一五頃―四〇三)が異端を論駁《ろんばく》する目的で著わした『パナリオン(薬籠《やくろう》)』によると、エビオン派の人たちは、キリストが父なる神の子としてではなく、大天使のひとりとして創られ、天使や被造物たちの支配者となったと考えていた、という。

みずからを「貧しい者(エビオン)」と名乗り、禁欲的な生活を送っていたこの一派は、イエスは父ヨセフと母マリアのあいだに生まれた人間の子であり、洗礼によってはじめて神性を得たとする、いわゆる「養子的キリスト論」を奉じていたとされる。すなわち、ヨルダン川でイエスが洗礼を受けたときに、キリストがイエスのなかに入ったのであり、そのキリストとは大天使のひとりにほかならないというわけである。先述したように、この説はもち

Ⅱ-1　《皇帝ユスティニアヌス一世のコイン》

ろん、父と子と聖霊の三位一体に反するため、異端とみなされた。
そもそもユダヤ教の天使論において、ミカエルにはひときわ高い位置と重要性が賦与されていた。このことは、ミカエルという名前が、「神に似ている者は誰か」という意味をもつことにも示されている。ミカエルは神の顔の反映であり、神の分身のような存在とみなされうるのだ（アンリ・コルバン）。
たとえばミカエルは、ユダヤの「天使長」として、異教の「ペルシャの天使長」や「ギリシアの天使長」に対抗し、これらを打ち負かす者とされる（『ダニエル書』10）。キリスト教に帰依《きえ》した古代ローマ皇帝のコインには、たとえばテオドシウス二世（在四〇八―四五〇）やユスティニアヌス一世（在五二七―五六五）のものに見られるように（個人蔵／Ⅱ-1）、皇帝の肖像の裏面に、十字架と宝玉《ほうぎょく》を手にした有翼の天使――おそらくはミカエル――を彫ったものが少なくない。この大天使は皇帝の守護者でもあるのだ。
さらに、同じく『ダニエル書』によれば、最後の審判のときに、神の裁きを代行するのもミカエルである。いわく、「その時、大天使長ミカエルが立つ。彼はお前の民の子らを守護する。［……］多くの者が地の塵《ちり》の中の眠りから目覚める。ある者は永遠の生命に入り、ある者は永久に続く恥と憎悪の的となる」（12:1–2）。

キリスト教美術においてくりかえし描かれてきた「最後の審判」の図像では、主役の裁き手はあくまでも再臨してきたキリストで、ミカエルはその下にいて、天国に行く者と地獄に落ちる者とを天秤《てんびん》で振り分ける手伝いをしていることが多い。ところが、その起源である旧約聖書にさかのぼるなら、裁きの主役はまさしく大天使ミカエル本人だったのである。

また、『黙示録』に由来するテーマ、「ミカエルによる竜退治」もキリスト教美術で好まれてきたものだが、この竜にしてサタンは、生まれてくるキリストの命を亡きものにしようとしたために、ミカエルによって撃退されたのだった（サタンそのものが堕《お》ちた天使であるのだが、これについては第Ⅳ章を参照）。もちろん、これらのテーマにおいてキリストとミカエルが同一視されているというわけではないが、人類の救済や、罪や悪にたいする勝利という点で、両者は類似した性格をもつのである。

ミカエルはさらに外典のなかでも活躍している。『パウロの黙示録』（四世紀末から五世紀初め）によると、救われる者はミカエルの手に委《ゆだ》ねられる。すなわち、「神のゆえに悲しみ、また自分の意志を行なわなかったものが、死んでこの世を離れ、主のところに連れて来られ、礼拝を献《ささ》げると」「神の命令によって大天使ミカエルに渡される」（25、佐竹明《さたけあきら》訳）、というのである。自分の意志ではなく「神の意志に忠実に従った」からこそ、彼らは、ミカエルに委ねられ、預言者の仲間に加えられることになるのだ。

また、同じく外典の『マリアの被昇天《ひしょうてん》(マリアの死)』(四世紀以降)では、死んだマリアの霊魂は、キリストによってミカエルに託される。これは、マリアへの受胎の告知が大天使ガブリエルに託されたのと、ちょうどきれいな対応関係をなしている。

大天使ミカエル信仰

ミカエルとキリストとを同一視することは、もとよりやや無謀であるとしても、その後のキリスト教において、ミカエル信仰がけっして廃れたわけではないこと、それどころかむしろ大いに高まりを見せていたことは、この大天使に捧げられた有名なノルマンディー地方の巡礼地、モン・サン゠ミシェル聖堂が証言している。現在の建物は一三世紀のゴシック様式によるものだが、もともとは、その山に聖堂を建てよという聖ミカエルのお告げに基づいて、八世紀に建てられたのが起源とされる。

そうした奇蹟《きせき》のもっとも早い例が、五世紀末に三度にわたりミカエルが顕われたとされる、南イタリアのモンテ・サンタンジェロにある「大天使の洞窟《どうくつ》」で、そこはミカエル信仰の重要な聖地となってきた。この地にはまた、ルネサンスを代表する彫刻家のひとり、アンドレア・サンソヴィーノ（一四六七―一五二九）が制作した大理石の《大天使ミカエル》（一五〇七年／Ⅱ－2）が残されているが、言い伝えによると、大天使の顔を彫りあぐねていたこの彫刻家の夢のなかにミカエルがあらわれて、手ずから自分の顔を刻んだとされる（ちなみに天使が聖なる絵を描くという言い伝えは、たとえば、フィレンツェのサンティッシマ・アンヌンツィアータ聖堂にある作者不詳の一四世紀のフレスコ画《受胎告知》についても残っている。聖母マリアの顔を描きあぐねていた画家に代わって、天使が仕上げたというのだ。聖なるものの姿を描くことは、人間の手には余る業なのである）。

Ⅱ－2　アンドレア・サンソヴィーノ《大天使ミカエル》

さらにナポリ近郊のカプアには、大天使に捧げられたサンタンジェロ・イン・フォルミス修道院が建つ。創建は六世紀とされるが、一一世紀にロマネスク様式で再建され、その後何度も手が加えられて今に至っている。この修道院教会堂は、内部を飾るフレスコ画（一一世紀末）でも知られるが、なかでもいちばん神聖な場とされる後陣の壁には、四福音書記者のシンボル――ライオン（マルコ）と天使（マタイ）と牡牛《おうし》（ルカ）と鷲《わし》（ヨハネ）――に囲まれた玉座のキリストの下に、三人の大天使の堂々とした姿が描かれている（Ⅱ-3）。それぞれの頭部に付された頭文字の銘《めい》が示すように、中央にいるのがミカエル、向かってその左にガブリエル、右にラファエルという配列であるから、ミカエルにはキリストに準じる重要な位置が与えられていることになる。

Ⅱ-3　《玉座のキリストと三人の大天使》

一方、ローマには名高い天使城（カステル・サンタンジェロ）がある。もとは二世紀にローマ皇帝ハドリアヌス（在一一七―一三八）の霊廟《れいびょう》として建造されたが、その後はヴァティカンの要塞《ようさい》や牢獄として利用されてきた。その名は、六世紀の末に天井の頂《いただき》に姿を見せたミカエルが鞘《さや》に剣を収め、ペスト流行の終焉《しゅうえん》を告げたという故事に由来するとされる。ローマにおけるミカエ

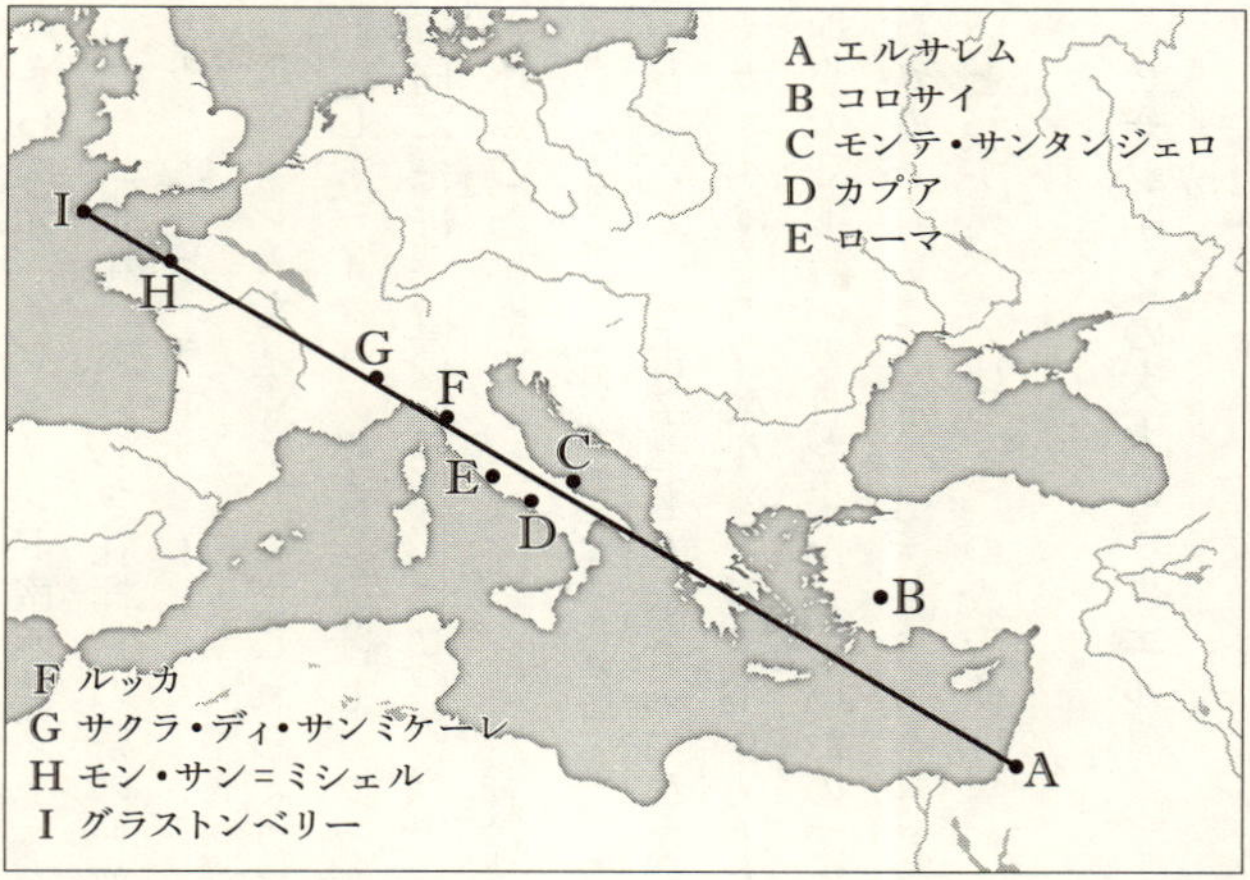

Ⅱ-4　聖ミカエル―アポロン・ライン

ル信仰はもっと古く、キリスト教にはじめて改宗した皇帝コンスタンティヌス（在三〇六―三三七）は、大天使を祀《まつ》る「ミカエリオン」を建てたとされる。

さらに、長靴の半島を上ると、トスカーナ地方の古都ルッカには、八世紀の創建になり、美しいロマネスク様式を現在もとどめるサン・ミケーレ聖堂があり、その正面頂には、二体の天使に囲まれたミカエルの大理石像が据えられている。さらに北上して、フランスとの国境に近いピエモンテ州では、トリノ郊外の標高九六〇メートルの山上に建つ、一一世紀初頭のサクラ・ディ・サンミケーレ修道院がその威容《いよう》を今に伝えている。

もちろんイタリアやフランスだけではない。ノルマンディーのモン・サン＝ミシェル聖堂のさらに先、イングランド南西部グラストンベリーの丘の上には、大天使ミカエルに献じられた一二世紀とおぼしき礼拝堂の塔の一部が残っていて、現在では人気のパワースポットになっているという。

エルサレムを基点にして、これらミカエルゆかりの地を順につないでいくと、ギリシアを経由して、イタリア半島を縦断し、フランスからイングランドに達するかたちで、西北西の方向にほぼ一直線に並ぶところから、これを「聖ミカエル―アポロン・ライン」（Ⅱ－4）と呼ぶことがある。これは、古代の遺跡群には直線状に並ぶものがあるという、いわゆる「レイライン」と呼ばれるものの一種とみなすことができる。

とはいえ、考古学とも風水《ふうすい》ともつかないような、こうした擬似《ぎじ》科学までもちださずとも、ミカエルはその立派な翼で何千キロメートルにも及ぶ空の旅を悠々《ゆうゆう》となしとげ、降り立った地点で守護者の役目を果たしていたのである。古代から中世の人々は、翼のないキリストにはかなわないことを、大天使ミカエルに託してきた、ともいえるだろう。あるいは、誇張をいとわず述べるなら、この大天使は翼のある救世主のような存在だったのだ。

ビザンチンの大天使ミカエル

　他方、ビザンチンの東方正教会でも、ミカエルは戦う勇士としてのみならず、病の治癒者としても古くから、キリストにつぐような高い信仰を集めてきた。本章の最初に見たように、使徒パウロは『コロサイの信徒への手紙』において、この土地の人々を「天使礼拝にふける者」(2:18)と厳しく批判していたのだが、ミカエルにまつわる「奇蹟」の伝説はまさしくそのコロサイが舞台になっているのである。

　この小アジアの町にはミカエルゆかりの泉が湧《わ》いていて、それには病気を癒《いや》すというご利益があった。聾唖《ろうあ》の娘をもつ敬虔な父親が夢のなかでミカエルのお告げを聞き、その泉の水を娘に飲ませると、すっかり口が利《き》けるようになる。そこで父親は、感謝の意を込めてこの地に礼拝堂を建てるのだが、それをねたんだ異教徒たちが、二つの川の水を合流させ氾濫《はんらん》させた勢いで礼拝堂を破壊しようと企《たくら》む。この暴挙にたいしてミカエルは、大きな岩を裂いてそのなかに激流を飲み込ませ、危機を救ったのだった。

　この話は東方のイコンのテーマによく取り上げられていて、たいてい大天使が岩の裂け目に激流を閉じ込めている場面が描かれる。奇蹟のクライマックスである。そのひとつ、一二世紀のシナイ山(聖カタリナ修道院／Ⅱ-5)の作品では、合流して渦《うず》を巻く二つの川の流れが、ひときわ大きいミカエルと、やや小さい聖人とを囲み隔てる二つのアーチのような役目を果たしている。

Ⅱ-5　《大天使ミカエルの奇蹟》

Ⅱ-6　《大天使ミカエル》

ビザンチンではまた、ミカエルが単独でイコンに描かれることも少なくない。そのなかには、板絵ばかりではなく、たとえばヴェネツィアのサン・マルコ大聖堂の宝物館に伝わるイコン（Ⅱ-6）のように、豪華な宝石をちりばめた金銀細工でできているものもある。ここでは、キリストは使徒パウロとともに、左右の円のなかに小さく描かれていて、脇役《わきやく》に回っている。その厳格な正面観の胸像において、ミカエルは、キリストにも劣らない威厳と厳粛さ、超越性と神々しさをたたえている。

さらにさかのぼるなら、ミカエルとも見紛《みまが》うようなキリスト像も存在する。初期キリスト教時代の要地ラヴェンナにある大司教礼拝堂の壁面を飾るモザイクのひとつ、《勝利のキリスト》（五世紀末／Ⅱ-7）がそれである。十字架を肩にかけ、

Ⅱ－7　《勝利のキリスト》

Ⅱ－8　《大天使ミカエルと竜》

誇らしげにライオンと蛇を踏みつけるキリストが、全身の正面像で描かれている。これは『詩編』の一節「あなたは獅子《しし》と毒蛇を踏みにじり、獅子の子と大蛇を踏んで行く」（91:13）に基づいている、とされる。

一方でミカエルもまた、『黙示録』に基づいて、悪魔の蛇（竜）を踏みにじる姿で捉えられてきた。たとえば、細密写本画家の名前をとって『クラリシアの詩編歌集』（一三世紀初頭、ボルチモア、ウォルターズ美術館）と呼ばれる書物の挿絵のような作例を見ると、キリストとミカエルを隔てているのは、翼の有無のみであるようにも思われる。

アッピア街道に続く古代ローマのサン・セバスティアーノ門には、《大天使ミカエルと竜》（Ⅱ－8）が刻まれているが、これもまたしかりである。脇の銘文には、一三二七年のまさしくミカエルの祝日九月二九日に、教皇派（グエルフィ）にたいして皇帝派（ギベリーニ）の軍の勝利したことが謳《うた》われていることから、この当時のものと思われる。

かくのごとくミカエルは、とりわけ悪魔を退治し、最後の審判で重要な役割を果たし、数々の奇蹟をおこなうという点で、もちろんキリストに並ぶとまではいわないとしても、キリストにきわめて近い存在とみなされてきたのだ。

天使とキリストを結ぶ祭司メルキゼデク

もうひとり、天使とキリストとをつなぐ存在として忘れてはならない人物がいる。『創世記』に「いと高き神の祭司」として登場するサレムの王メルキゼデク（14:18）である。同じく『創世記』によると、まだアブラムと名乗っていた頃のアブラハムはメルキゼデクに祝福され、そのことで彼に財産の十分の一を献上したとされる（14:20）。これは、いわゆる十分の一税の起源となるエピソードでもある。ラヴェンナのサン・ヴィターレ聖堂の内陣には、天使をもてなすアブラハムに向かい合うようにして、メルキゼデクがパンを神に捧げる場面がモザイクで描かれている（六世紀前半）。

キリスト教では、この平和の王はイエス・キリストの予型《よけい》（タイポロジー）とみなされてきた。イエスはまた大祭司でもあり、そのことは、『ヘブライ人への手紙』のなかで明言されている。いわく、「イエスは永遠に生きているので、変わることのない祭司職を持っておられるのです」(7:24)。また同書には、神は「永遠に完全な者とされておられる御子を大祭司としたのです」(7:28)、ともある。というのも、イエスはみずからをいけにえとして献げた者だからである。

一方、天使もまた祭司然とした出で立ちをして登場し、神の祀り事を執り仕切る役目を帯びることがある。「天使たちは、輝く清い亜麻布《あまぬの》の衣を着て、胸に金の帯を締めていた」と記しているのは『黙示録』(15:6)である。また同じく『黙示録』には、子羊(キリスト)が第七の封印を開くと、祭壇のそばで金の香炉《こうろ》をもつ天使が登場し、香炉が黄金の祭壇に献げられる(8:3-5)。しかも、死海文書で知られるクムラン宗団のあいだでは、旧約聖書のメルキゼデクは実は天使、とりわけ大天使ミカエルに近い存在で、しかもメシアでもある、とみなされていたようだ(Paul Rainbow)。

とするなら、祭司メルキゼデクをあいだに挟んで、ここでも大天使ミカエルとキリストとがゆるやかに重なり合うことになる。

三人の天使とアブラハム

次に見ておきたいのは、やはり古くから美術の主題として取り上げられてきた、アブラハムと天使にまつわるエピソードで、ここにおいてもまた、天使とキリストとが交差してくるように思われる。『創世記』(18:1-15)によると、子宝に恵まれないまま歳をとったアブラハムとサラに、「三人の人」、つまり主の三人の使いがあらわれ、アブラハムが彼らを丁重《ていちょう》にもてなすと、そのうちのひとりが、サラに男子が宿ったことを告げた、というものである。

この「三人の人」がいったい何を意味するのかについては、古くから三様の解釈があった。ユダヤ教の聖書解釈の伝統では、彼らは、ミカエルとガブリエルとラファエルの三人の大天使のことだとみなされた。一方、キリスト教では、初期の頃は、イエス(御言葉ロゴス)と二人の天使とみなされたが(殉教者ユスティノスやエイレナイオスなど)、アウグスティヌス以降は、父と子と聖霊の三位一体のことであるとする解釈が主流となる。ちなみに、前者のような解釈がなぜ可能かというと、三人のうちサラに語りかけたひとりが「主」と呼ばれているからである。また、サラにイサクの誕生が告げられるこの話は、大天使ガブリエルによってマリアにイエスの誕生が告げられる「受胎告知」の予型(タイポロジー)ともみなされてきた、という経緯もある。

ここでわたしたちにとって重要なのは、いずれの解釈が正しいのかということではなくて（立場によって変わってくるだろう）、イエスと天使とがやはり分かちがたく結びついているということである。

このテーマは、初期キリスト教の時代からよく描かれてきた。たとえば、ヴィア・ラティーナのカタコンベのフレスコ画（四世紀、ローマ／Ⅱ-9）では、古代風のチュニカをまとっ

Ⅱ-9　《アブラハムと天使たち》
Ⅱ-10　《アブラハムと天使たち》

た「三人の人」が、アブラハムの前に姿を見せている。彼らが天使であるかどうかは、翼がないため断定はできないが、この時代にはまだ天使が無翼で描かれることもあった。ラヴェンナのサン・ヴィターレ聖堂を飾るモザイクの三人の天使たちにもやはり翼はない。同じカタコンベにはまた《ヤコブの梯子》も描かれているが、夢のなかの梯子を昇り降りする天使たちも翼をもってはいない。

一方、サンタ・マリア・マッジョーレ聖堂のモザイク画(四三五年頃、ローマ/Ⅱ-10)では、画面上に、アブラハムに現われる三人、画面下にアブラハムとサラにもてなされる三人が登場している。なかでも、上の真ん中の天使だけがひときわ大きい光輪に全身を包まれているが、これはおそらく、サラに長子の誕生を告げる「主」を暗示していると思われる。ここでも天使と「主」のイメージが重なっているのである。

先述のように、「三人の人」を三位一体の象徴とみなすようになるアウグスティヌス以降も、彼らは基本的に三人の天使として描かれつづける。ニコラ・ド・ヴェルダン(一一三〇—一二〇五)による説教壇前飾りの一部(一一八一年、クロイスターノイブルク修道院/Ⅱ-11)のエマイユ画には、周りに、「三にして一なる者がかの男[アブラハム]に子孫[イサク]の贈り物を約束する」「イサクのお告げ」という銘が刻まれている。つまり、三位一体と受胎告知の予型を象徴することが、銘文によってはっきりと示されているのである。

この主題で忘れてならないのは、何といってもアンドレイ・ルブリョフ（一三六〇頃―一四三〇）のこのうえなく美しい作品、《聖三位一体》（一四一一年頃、モスクワ、国立トレチャコフ美術館／口絵2）であろう。ここではアブラハム本人は登場しないが、聖書にあるマレムの樫《かし》の木と屋敷（天幕）を背景にして、ほとんど同じ背丈で同じ顔立ちをした有翼の三人の天使が、アブラハムのもてなす食卓についている様子が示される。左の天使から順に、父なる神、子のイエス・キリスト、聖霊を象徴している。つまり、イエスが天使の姿に置き換えられているのである。その証拠に、逆遠近法で描かれたテーブルの中央には、神の子の受難を暗示する聖杯と犠《ぎ》牲《せい》の子羊の頭部が置かれている。真ん中の天使（子イエス）は、また、左の天使（父なる神）のほうに視線を送っている。これに同調するように、聖霊の天使も、左の天使に向かって頭を垂れているように見える。

Ⅱ-11　ニコラ・ド・ヴェルダン《アブラハムと天使たち》

中世の女性神秘家の幻視

ここまで見てきたように、テクストにおいても図像においても、天使とキリストとをストレートに一致させたような証言は、一部の外典等を除いて、もちろんほとんどないのだが、とりわけ初期キリスト教の時代には、両者をきわめて近い存在とみなす考え方がたしかにあったことは、おわかりいただけたことだろう。これは四世紀には異端視されるようになるが、だからといって等閑視《とうかんし》するなら、わたしたちは、ユダヤ教やキリスト教がはぐくんできた豊かなイメージ世界の最良の部分を見過ごしてしまうことになる。

この章を締めくくるにあたって、中世を代表する女性神秘家で女子修道院長でもあったビンゲンのヒルデガルト（一〇九八―一一七九）に登場してもらおう。というのも、みずからの幻視体験をつづり、女子修道士たちが挿絵を施したことで知られる著書『道を知れ（スキヴィアス）』のなかに、不思議なヴィジョンが描かれているからである。第一の幻視とされるものがそれで、彼女は、「わたしの視界をさえぎるほどの大いなる栄光の御方」が、大きな山の上に座しているのを目撃する。「その両脇には、軟らかい影が伸びていて、まるで幅広で長い見事な翼のようだった」、というのである。つまり、大きな翼をそなえたキリストのヴィジョンを見ているのである。

　その挿絵も印象的なもので、文字どおり、「幅広で長い見事な翼」を広げたようなキリストが、山の頂に座している姿で描かれているのである（II-12）。そのキリストの足元からは「栄光」が光の帯となって下りていき、右下にいる「チュニカをまとった子ども」――おそらくはヒルデガルト本人――の頭部にまで達する。その顔はこの「栄光」にすっぽりと浸されている。彼女の向かい側には、「全身を眼で覆われた像が立っていて、これら眼のために、いかなる人間の姿にも見えなかった」という。おそらく、この「全身を眼で覆われた像」も、天使的なヴィジョンであろう。神にもっとも近くて位の高い天使、熾天使（セラフィム）はしばしば、その六つの翼に無数の眼をもつ姿でイメージされてきた。すべてを見渡しているからである。

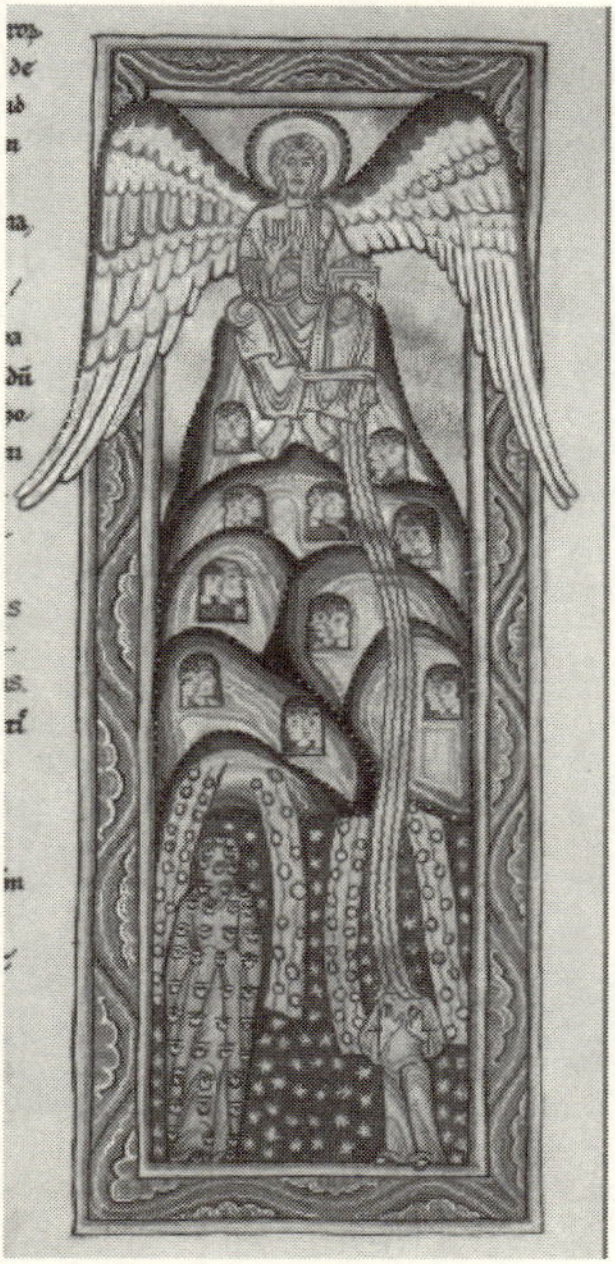

II-12　ビンゲンのヒルデガルト『道を知れ』より

　さらに、同じ著者による『神の業の書』にも、第一の幻視として、きわ

Ⅱ-13　ビンゲンのヒルデガルト『神の業の書』より

めて奇怪で興味深いヴィジョンが登場し、やはりその挿絵も描かれている（ルッカ、国立図書館、Cod. Lat. 1942, f.1v／Ⅱ－13）。中央に立つのは、深紅《しんく》の祭服を着けた、「美しくて明晰《めいせき》な」人間の姿をした人物である。彼は、十字架をもつ子羊を胸元に掲げているから、おそらくキリストを表わしている。その頭上には、光輪のような「黄金の輪」がかかっていて、そのなかから「より年長の顔のように見える頭部」が突き出ている。これは「年長」とあるから、父なる神と解釈できる。

面白いのはその後につづく記述で、この人物の背中からは翼が幾つも広がっていて、そこには鷲の頭部や人の顔も見える、という。しかも、画面下では、「恐るべき形相《ぎょうそう》の黒くて毒々しい怪物と蛇」が踏みつけられているのである。ここにはおそらく、幾つもの翼をもつ熾天使や智天使、さらにはサタンを退治する『黙示録』の天使や大天使ミカエルのイメージが重なっているように思われる。その翼に見える鷲や人の頭部は、福音書記者ヨハネやマタイの象徴でもある。

このきわめて特異な幻視についてはさまざまな解釈が可能だろうが、わたしたちにとってたいへん興味深いのは、何よりもまず、キリストと（複数の）天使のイメージが、まるで古代ギリシアのキマイラさながらに重なり合っている点である。おそらくヒルデガルトは、それぞれの図像にある程度まで親しんでいて、神秘のヴィジョンのなかで、それらが合体している様に遭遇したのだろう。夢のメカニズムについて論じるフロイトの用語を借りていうなら、この幻視のなかで複数の記憶のイメージ――イエス、父なる神、熾天使と智天使、大天使ミカエル――がひとつに「圧縮」されているのである。関連する過去の豊かなイメージのあいだを飛翔《ひしょう》しながら、この修道女は、まさしく想像力の翼を自在にはためかせているのだ。

さて、このあたりでこの章を閉じるとしよう。ここでわたしが明らかにしようと試みたのは、天使とイエス・キリストとの隠れた結びつきである。くりかえしを恐れず述べるなら、それは、抑圧され忘れられてきた天使の側面であるが、それだけに、神学的にも図像学的にも今後のさらなる解明が望まれるきわめて興味深いテーマなのである。

第Ⅲ章　歌え、奏でよ——天使と聖人

天上と地上、神と人間を橋渡ししているもの、中間領域に漂うもの、それが天使だとするなら、天使はまた、聖なるものの証《あかし》を人間に見せてくれたり、聖なるものへとよりいっそう人間を高めてくれたりするはずである。たとえば、殉教者たちに（信仰の）勝利のしるしであるシュロの葉や冠を運んでくれたり、修道士たちに神秘体験――たとえば空中浮揚《ふよう》など――の手助けをしてくれたり、見事な合唱や合奏で慶事《けいじ》を祝福してくれたりするのも、また天使たちである。これまでにそのありがたい恩恵にあずかることのできた幸運な人間は少なくない。

なかでも、聖母マリア、古代ローマの殉教者の聖チェチリア（二世紀）、アッシジの聖フランチェスコ（一一八二―一二二六）の三人は、宗教と社会、文化と芸術に及ぼした影響の大きさにおいて格別の存在である。この章では、彼らと天使との深いかかわりを見ておくことにしよう。そこにはまた、人間が天使に託してきた願いや思いがくっきりと投影されているはずである。

天使とマリアの関係と聞いて、読者の皆さんの多くがまず思い浮かべるのは、マリアが大天使ガブリエルから神の子を宿したことを告げられるという、受胎告知の場面であろう。これについては拙著『処女懐胎』で比較的詳しく検討したので、そちらを参照願いたい。一方、合唱したり合奏したりする天使の姿も、無数の聖母子像やイエスの降誕《こうたん》図に描かれてきたもので、皆さんもそのいずれかをご覧になったことがあるだろう。

今でもしばしば、少年少女合唱団や、透き通るような美声の持ち主を称して、「天使の歌声」と賞賛されるが、それというのも、わたしたちが暗黙のうちに、天使を音楽の達人とみなしているからにほかならない。一六世紀から一八世紀のイタリアで一世を風靡《ふうび》したカストラート(去勢された男性歌手)たちもまた、「天使の歌声」ともてはやされてきた。最後のカストラート、アレッサンドロ・モレスキ(一八五八―一九二二)は「ローマの天使」という異名をとっていたほど。天使は性差を超越しているのだ。

天使の合唱と合奏

歌や楽器に長じた天使たち、このイメージは、古く旧約聖書にまでさかのぼる。神を称える天使たちの合唱が華々しく登場するのは、竪琴《たてごと》の名手でもあったダヴィデ王が綴《つづ》ったとされる『詩編』においてである。「ハレルヤ/天において　主を賛美せよ。/高い天で　主を賛美せよ。／御使いらよ、こぞって　主を賛美せよ。／主の万軍よ、こぞって　主を賛美せよ。／日よ、月よ　主を賛美せよ。／輝く星よ　主を賛美せよ。／天の天よ／天の上にある水よ　主を賛美せよ」(148:1-4)。ここでは、「御使い」や「主の万軍」――つまり天使――と、惑星や星々とがいっしょになって「主を賛美」する歌をうたう。天使と星とは、ここにおいてもやはり結びつきの強いものとみなされているのである。

さらに、『イザヤ書』でも、天の玉座を取り囲むセラフィム(熾天使)たちが、たがいに「聖なる、聖なる、聖なる万軍の主。主の栄光は、地をすべて覆う」と呼び交わしながら、主の栄光を唱えているという(6:1-3)。

天使がまた名演奏家でもあること、これもやはり古くは『詩編』に起源がある。少し長くなるが該当のくだりを引用しておこう。「ハレルヤ／聖所で　神を賛美せよ。／大空の砦《とりで》で神を賛美せよ。／力強い御業のゆえに　神を賛美せよ。／大きな御力のゆえに　神を賛美せよ。／角笛を吹いて　神を賛美せよ。／琴と竪琴を奏でて　神を賛美せよ。／太鼓に合わせて踊りながら　神を賛美せよ。／弦をかき鳴らし笛を吹いて　神を賛美せよ。／シンバルを鳴らし　神を賛美せよ。／シンバルを響かせて　神を賛美せよ」(150:1-5)。

ここにはすでに、弦楽器と管楽器と打楽器を代表するレパートリーがほぼ出揃《でそろ》っている感がある。これによると天使はまた踊りも得意のようだ。とはいえもちろん、古今東西、広く神事に歌舞音曲《かぶおんぎょく》が欠かせないことは、ユダヤ教（やキリスト教）に限った話ではない。

さて、このように見てくると、合唱したり合奏したりする天使たちの図像は古くからありそうに思われるのだが、実際はそうではない。わたしの知る限り、この図像がとりわけマリアと結びついて登場するようになるのは、一四世紀まで俟《ま》たなければならない。なぜだろうか。

いちばん大きな理由は、音楽についての考え方が、古代や中世では近世や近代と大きく異なっていたことにある。古代ギリシアのピュタゴラスやプラトン以来、音楽とは、まず何よりも宇宙の数学的な構造にかかわるものであり、天体がその回転とともに奏でているものであった。「調和（ハルモニア）」はここから生まれてくる。それは肉体の耳で捉えることはできない。こうした抽象的な音楽にたいして、具体的な声楽や器楽は感覚的なものとして、一段と低く見られる傾向にあったのだ。とはいえ、宇宙（コスモス）がその数学的秩序によって音楽的な調和を保っているとする発想は、近代的な天文学の発展の原点となるものでもある。また、可聴域の外にあるような宇宙の「音」を探ろうという最新の研究もあるようだ（神話はつねに回帰してくる）。

プラトンがその著『国家』（X:14）で披露する、戦士エルのいわゆる臨死体験の話はよく知られている。エルはあの世で、八つの天球が軸棒を中心に回転しているさまを目撃する。

それぞれの天球には、かの美声で多くの船乗りたちを魅了して遭難させたと神話に伝えられるセイレンが乗っていて、「全部で八つのこれらの声は、互いに協和し合って、単一の音階を構成している」、という。ちなみにセイレンは、上半身が人間の女性、下半身が鳥の姿で翼をもつキマイラだが、その格好はどことなく天使に似ていなくはない。

一方、ユダヤ教やキリスト教においても、天使を天体や星と同類とみなし、天使が天空を回転させているという考え方や図像が存在してきたことは、第I章で確認したとおりである。

「宇宙の音楽」としての天使の音色

こうした古代の音楽観を受け継いで中世へ伝えたのが、ボエティウス（四八〇―五二四／五）の『音楽教程《おんがくきょうてい》』である。音楽史ではよく知られたことだが、簡単におさらいしておこう。それによると、音楽は次の三つに大別される。まず、天体が奏でる数学的な秩序としての音楽（ムジカ・ムンダーナ）。次に、人間の心身の調和としての音楽（ムジカ・フマーナ）で、これは宇宙の音楽に呼応している。ここまでは基本的に、耳に聴こえる感覚的なものではなくて、超越的で観念的なものである。そして最後にくるのが、聴覚に訴えるものとしての声楽や器楽（ムジカ・インストゥルメンタリス）、である。わたしたちが音楽というとき、普通はこの三番目のものをさすが、かつてそれは、音楽のなかでもいちばん下位のものとみなされていたのである。

だが、セイレンの神話にもあるように、耳に心地よく心踊らされる歌や音色の誘惑には抗《こう》しがたいものがある。その証拠に、かの禁欲的なアウグスティヌスですら、教会音楽について、「わたしは快楽の危険と健全の経験との間を動揺している」、と率直に「告白」したのであった。「耳の快楽はもっと強くわたしにからみついてわたしを縛りあげた」。だから、反対に「用心しすぎて、かえって厳格に失すること」がある。たとえば、「ときどきはなはだしい過誤《かご》に陥《おちい》って、ダビデの詩篇がよく歌われる甘美な旋律《せんりつ》をすべてわたしの耳からまた教会の耳からも遠ざけようと欲する」こともある、というのだ（『告白』X:33）。音楽を愛するがゆえに、感覚の悦《よろこ》びが理性を超えて先走ってしまう「危険」を、ヒッポの司教は身をもって体験しているのである。

たしかに音楽は、古代より、数学的で幾何学的な合理性の極と、感覚的で感情的な非合理性の極とを揺れてきたのであり、一方にはピュタゴラスとプラトンが、他方にはアリストクセノスがいたのだが、ポエティウス以後は、三種の音楽を区別してそれらを上下関係におく考え方が主流になっていく。音楽が、中世のいわゆる自由技芸――文法学と修辞学と論理学の三学、および算術と幾何、天文学と音楽の四科――のひとつに数えられてきたのも、声楽

Ⅲ-1　ビンゲンのヒルデガルト『道を知れ』より

や器楽よりも「宇宙の音楽」が優位を占めていたからにほかならない。

それゆえ、たとえ旧約聖書以来、天使が音楽の名手とされてきたとしても、彼らが楽器を手にした姿で登場することはほとんどないのだ。天使が奏でる天体の音楽もまた、比例の法則に従うのであり、その数学的な調和は、神の卓越性の証とみなされる。それは、耳に心地よいだけの音楽とは区別されなければならない。

ただし、例外として、ラッパを吹く黙示録の天使たちが中世の写本挿絵などに頻繁に登場するが、これは演奏というよりも、戦いや合図のラッパであり、合奏の天使とは性格を異にする。また、ことによると中世においても、神やキリストの周りに描かれた天使たちは聖歌を合唱しているのかもしれないが、そのことが意図されていたかどうかは、図像からは判断できかねる（その可能性は否定できないだろう。というのも、ボエティウスのいう二番目の「人間の音楽」を声楽とみなす解釈もあったからである）。

数少ない例として、前章でも取り上げたビンゲンのヒルデガルトによる『道を知れ（スキヴィアス）』がある。その第六の幻視において、この女性神秘家は、鏡のような眼をした有翼の天使たちの一団が、すばらしい声で、神の御業を称える歌を合唱している様を目撃する。その様子は、同じ円状の九つの輪のなかに並ぶ無数の天使たちの合唱として挿絵に描かれている（Ⅲ－1）。九つという数字はもちろん、前章でふれた偽ディオニシオスによる天使の位階の数に基づくものである。

楽器を手にしはじめる天使たち

ところが、一四世紀になると、にわかに事情が変わってくるように思われる。玉座のキリストや聖母マリアの周りを、楽器を手にした天使たちがにぎやかに取り巻きはじめるのである。作例は枚挙《まいきょ》にいとまがないほど。

その早い例は、ジョット（一二六六／七六―一三三七）によるバロンチェッリ礼拝堂の多翼祭壇画《聖母戴冠《たいかん》》（一三三四年頃、フィレンツェ、サンタ・クローチェ聖堂／Ⅲ－2）に見ることができる。真ん中に描かれているのが、天に昇った後、わが子から「天の女王」としての冠を授かる聖母。これを両脇から挟むようにして、計四枚のパネルのいちばん手前に、さ

Ⅲ-2　ジョット《聖母戴冠》（部分）

まざまな楽器を手にした多くの天使たちが居並んで、聖母の慶事を寿いでいるのである。

「聖母戴冠」というテーマは、とりわけマリアに献堂《けんどう》されたフランス・ゴシックの教会堂——ラン、パリ、アミアン、ランスなど——において、その扉口ティンパヌムの浮彫り装飾としてよく取り上げられてきたものだが、これら一三世紀の作例では、まだ奏楽の天使たちが登場することはない。

一方、その世紀の末に著わされたヤコブス・デ・ウォラギネ『黄金伝説《おうごんでんせつ》』には、「聖母マリア被昇天」に関して、ある司教の説教の文言を引きながら、聖母を称える天使たちの奏楽の様子が具体的に描写されている。このめでたい出来事が起こった日、「全天は、大きな喜びをもって聖母をお迎えした。天使たちは、欣喜《きんき》し、大天使たちは雀躍《じゃくやく》し、座《ざ》天使たちは歓呼し、主天使たちは『詩篇』を頌読《しょうどく》し、権《けん》天使たちは鉦《しょう》を打ち、能《のう》天使たちは弦をかき鳴らし、智天使と熾天使たちは、賛歌をうたいながらいと高きおん者の御座《みくら》のまえに聖母をおつれした」、というのである。ここでは、偽ディオニシオスによる天使の九つ位階論を踏まえたうえで、それぞれの天使に役割と楽器が与えられている。

ダンテもまた『神曲』の「天国篇」第二三歌において、天上で聖母マリアの戴冠を称える天使たちの歌と「竪琴の楽の音《ね》」について最高の賛辞を捧げている。その音色にくらべると、地上で聴こえるような旋律は「雲をつんざく雷鳴にしかすぎない」。ダンテによれば、この天上の音楽はまた天球の回転とも対応している。

こうして一四世紀になると、天体の音楽を奏でる天使たちは、地上の音楽の道具である楽器をもって登場してくることになる。つまり、天使を介することによって、ボエティウスのいう「宇宙の音楽」と「楽器の音楽」とが結びつくのである。おそらくこのモチーフは、トスカーナ地方を起点にして、イタリア全土、さらにはフランドルに入ったものと考えられる。

たとえば、パオロ・ヴェネツィアーノ（一三〇〇頃―六五頃）の《聖母戴冠》（一三五〇年頃、ヴェネツィア、アカデミア美術館／**口絵3**）は、ルネサンスを先駆けるジョットの立体的な様式とは違って、ヴェネツィアという土地柄、いまだビザンチンの平面的なイコンの影響をとどめているとはいえ、天使たちの荘厳な合奏がにぎにぎしく繰り広げられている。星の光輪がキリストとマリアを囲い、その上部で天使たちが思い思いに楽器を奏でている。この設定はまさしく、彼らが天の音楽を奏でていることを示唆《しさ》するものだ。弦楽器ではリュートやハープ、ヴィエル（ヴァイオリンの前身の弦楽器）やプサルテリウム（ツィター）、管楽器ではトランペットやショーム（オーボエの前身の管楽器）、打楽器ではタンバリンなどが眼に入る。後ろには楽器をもたない天使たちが見えるが、彼らはおそらく楽器の伴奏に合わせて合唱しているのであろう。天体の運行が数学的な比例関係によって決定されているように、天使の音色もまた比例によって調和を保っている。

一方、画面下――といっても天上界であることに変わりはない――の両脇には、手持ちオルガンを弾く二人の天使が控えている。「オルガン」にはまた、「器官」や「組織」などといった意味があるが、この語源となったギリシア語の「オルガノン」にも、楽器や道具を総称する意味がある。つまり、オルガンは楽器一般を代表するものでもある。さらに、ラテン語の「オルガヌム」は、音楽用語で二つの声部からなる合唱のことを指す。グレゴリオ聖歌以来、中世の合唱は、単一声部のモノフォニーか、主旋律と伴奏声部からなるホモフォニーが主流であったが、そのなかで九世紀末頃から登場するオルガヌムは、後のポリフォニーの原点となったとされる。

いったいどんな音楽がパオロ・ヴェネツィアーノの絵のなかで奏でられているのかは不明だが、一四世紀はちょうど「アルス・ノーヴァ」と呼ばれる新しい音楽が誕生しつつある時代でもあった。

天使の音楽と「アルス・ノーヴァ」

このことはおそらく、一四世紀になって奏楽の天使たちが絵のなかに登場しはじめることとも無関係ではない。イタリアでも「トレチェント音楽」と総称されるほど、一四世紀（トレチェント）になると音楽が大きな展開を遂げることになる。さらに教会や典礼を離れても、各地の宮廷や富裕層のあいだで、マドリガーレやモテットなど新しいジャンルのポリフォニーの楽曲が好んでつくられ演奏されていた。当時はまた、教会音楽と世俗音楽とが様式的に交わってくる時代でもある。

たとえば、ヴェローナの宮廷ではジョヴァンニ・ダ・カッシャ（一二七〇―一三五〇）やヤコポ・ダ・ボローニャ（一四世紀半ば）が、フィレンツェではロレンツォ・ダ・フィレンツェ（一三七三没）やフランチェスコ・ランディーニ（一三二五頃―九七）らが、作曲や演奏に活躍した。天使たちの合奏や合唱の場面が一四世紀の絵画のなかで活況を呈しはじめるようになるのには、まさしくこのような音楽の隆盛が背景にあったと考えられるのである。いみじくも、地上の楽器によって天の音楽に近づくことができるとすれば、それを可能にして

Ⅲ-3　ドナテッロ《聖歌隊席》（部分）
Ⅲ-4　ルカ・デッラ・ロッビア《聖歌隊席》（部分）

くれるのは、ほかでもなく天使たちなのである。いいかえるなら、天使に託すことで、音楽は神の手から人間の手へと降りてくるのだ。

一五世紀を迎えるとフィレンツェでは、彫刻家のドナテッロとルカ・デッラ・ロッビア（一三九九―一四八二）が、フィレンツェの大聖堂で聖歌隊席の制作を競い合うことになるが、その当時、教皇庁などで活躍し、この花の大聖堂の献堂式（一四三六年三月）のために曲――モテット『先頃バラの花が』――を提供したのは、ブルゴーニュ出身の音楽家ギョーム・デュファイ（一四〇〇頃―七四）であった。第Ⅰ章で見たように、この大聖堂に設置されたドナテッロの《聖歌隊席》（一四三三―三八年、フィレンツェ、大聖堂美術館／Ⅲ-3）では、天使にしてスピリテッリでもあるような有翼のプットーたちが乱舞に興じ、デッラ・ロッビアの《聖歌隊席》（一四三一―三八年、フィレンツェ、大聖堂美術館／Ⅲ-4）では、先に引用した『詩編』の一節（150:1-5）に倣って、多くの天使（にして当時のフィレンツェの少年）やプットーたちが合奏と合唱にいそしんでいる。それはまるで、完成したばかりのブルネッレスキ（一三七七―一四四六）の大円蓋のなかで高らかに共鳴するデュファイのポリフォニー音楽に反応しているかのようでもある。

この時代になると、天使の合奏はますます隆盛を極める。聖母の被昇天とそれにつづく戴冠はいうに及ばず、玉座の聖母子、聖会話、イエスの降誕、イエスの昇天、最後の審判など、祝福すべき機会があればすかさず天使たちはそれぞれお気に入りの楽器を携えてやってくるのである。それらのなかから、興味深い作例をいくつか見ておくことにしよう。

天使のオーケストラ

メロッツォ・ダ・フォッリ（一四三八頃―九四）がローマのサンティ・アポストリ聖堂の

Ⅲ－5　メロッツォ・ダ・フォッリ《キリスト昇天》（部分）

後陣天井のために描いた《キリスト昇天》では、七体の奏楽の天使たちが断片で伝わっている（一四七二年頃、ローマ、ヴァティカン絵画館／Ⅲ－5）。いずれも思い思いの姿勢で楽器を演奏してキリストの昇天を祝う様子が、下から見上げたようなダイナミックな短縮法――仰視遠近法――によって捉えられている。

　この作品はその後の同種の絵に大きな影響を与えたようで、同じくローマでは、フィリッピーノ・リッピ（一四五七―一五〇四）が、サンタ・マリア・ソプラ・ミネルヴァ聖堂のカラファ礼拝堂の壁に描いたフレスコ画《聖母の被昇天》（一四八八―九三年／Ⅲ－6）で、聖母の周りを円環状に取り巻く九人の天使たちの奏楽の場面に、同じく大胆な仰視遠近法を駆使することになる。天使たちは（松明《たいまつ》をもつ下方の三人は除いて）、マリアの右隣から時計回りに、バグパイプ、トライアングル（ただし台形をしている）、腰太鼓、プサルテリウム、トランペット、タンバリンを手にしている。

Ⅲ-6　フィリッピーノ・リッピ《聖母の被昇天》（部分）
Ⅲ-7　フィリッピーノ・リッピ《聖母の被昇天》（部分）

このテーマの絵で当時すでに定番となっていた楽器、たとえばオルガンやハープ、リラやリュートではなくて、あえてこうした楽器が例外的に選ばれているのには、何か理由があるかもしれないが、その詳細は不明である。この画家はしばしば「奇《き》矯《きょう》なもの」や「新奇なもの」を絵のなかにたくさん盛り込むことを好んだと、ヴァザーリがその『芸術家列伝』で伝えているが、そうした画家の趣味がこれらの楽器の選択にも反映されているのかもしれない。

なかでもプサルテリウムを演奏する天使は、しかしそれだけではまだ飽き足りないとでもいわんばかりに、長いラッパのようなものも同時に吹いている（Ⅲ-7）。いかに器用な天使とはいえ、弦楽器と管楽器を同時に演奏するのは困難な芸当だろうから、これもまた画家の「奇矯」のなせる業であろう。それはどちらかというと、厳《おごそ》かな教会音楽よりも、祭りや行列に伴うにぎやかな音楽にふさわしいように思われる。

もちろんイタリアだけではない。北方でも、マリアにちなんで天使の合唱や奏楽の場面が数多く描かれた。フランドル地方はまた、ヨハネス・オケゲム（一四一〇／二五―九七）やジョスカン・デ・プレ（一四五〇／五五―一五二一）、ジャック・アルカデルト（一五〇七頃―六八）らの大作曲家たちに代表されるように、新しいルネサンス音楽の一大中心地でもあった。彼らの多くがまたイタリアでも活躍している。三人とも、それぞれ『アヴェ・マリア』で有名な作曲家でもある。

そんな環境のなかから生まれているのが、「聖ルチア伝の画家」（一五世紀末から一六世紀初頭に活躍）と逸名《いつめい》で呼ばれている画家の作品、《天の女王マリア》（一四八〇年頃、ワシントン、ナショナル・ギャラリー／口絵4）である。ほぼ左右対称に並ぶ多数の天使たちに助けられながら、聖母マリアが天に昇っている。その頭上では、雲間が丸く開かれ、そのなかに、マリアの到着を待つ天上の三位一体――父なる神と子のイエスと聖霊の鳩《はと》――が、周りを囲む天使たちの姿とともに小さく描かれている。

被昇天のマリアと天上の三位一体、そのどちらにも合唱と合奏の天使たちが付き従っていて祝福の音色を奏でている。楽器ではなくて楽譜や本を手にした天使たちは、仲間の伴奏に合わせて歌っているのだろう。マリアの周りの八人の天使たちは、手持ちオルガン、ハープ、リュート、ヴィエル、ショームなどを手にしているが、それらはいまやマリア祝福の定番の楽器である。マリアの頭上にいる四人の天使たちは口を開けていて、おそらく楽器の伴奏に合わせて歌っているのだろう。ちなみに、ジョスカン・デ・プレの『アヴェ・マリア』は四声部のモテットだから、ことによるとこの曲を合唱しているのかもしれない。

一方、三位一体の周りでは、向かって左にいる一人の天使たちが合唱し、右の六人の天使たちが楽器を奏でている。それゆえ、奏楽と合唱の天使の数が、マリア昇天の場合とちょうど逆転していることになる。つまり、マリアの周りには、奏楽の天使が合唱の天使の二倍の数だけいたのだが、反対に、三位一体の場合には、合唱の天使が奏楽の天使のほぼ倍の数だけいるのである。

こうした組み合わせがどこまで当時の教会音楽を反映しているのかは不明だが、おそらくは無関係ということはありえないだろう（ジョン・タヴァナー［一四九〇頃―一五四五］の六声部のミサ曲『なんじ聖三位一体に栄光あれ』は一六世紀初頭のものだから、やや時代が下る）。天使の神学的なヒエラルキーと、声楽と器楽との上下関係を考慮するなら、おそらく、三位一体におけるセッションのほうがより高位のものとみなされていたと考えられる。

病と死の影

一方、グリューネヴァルト（一四七〇頃―一五二八）もまた、特異な天使の奏楽を描いている。開閉式の三つの層からなる名高い《イーゼンハイム祭壇画》（一五一二―一六年頃、コルマール、ウンターリンデン美術館／口絵5）の第二層（日曜日用）を構成する《降誕と天使の合奏》に登場するものがそれである。

画面右では、マリアが生まれたばかりのイエスを抱きかかえていて、その頭上では、光に包まれた神の周りを、無数の半透明の天使たちが飛んでいる。謎《なぞ》めいているのは画面の左半分である（Ⅲ-8）。手前に天使がいてヴィオラ・ダ・ガンバを奏している。その背後の神殿のなかにも、ヴィオラ・ダ・ブラッチョをもつ天使がいるから、この場面は、マリアを祝福する天使の奏楽を表わしていると考えられる。その周りには、赤く燃える小さな天使たちが合掌している。

ところが、この二番目の天使の左隣には、全身を深い毛で覆われて、鶏冠《とさか》のようなものを頭上につけた有翼の不気味な生き物がいて、やはり弦楽器を奏している様子である。不安げな蒼白《そうはく》のその顔は、マリアの頭上にいる神のほうに向けられている。この生き物がルシフェルであることは、今日、研究者のあいだで広く認められている。とすると、まだ地上に落ちる前のルシフェルが、こうして他の天使たちとメシアの誕生を祝っていることになるだろう。その上方には、有翼の小さな生き物たちが闇のなかに紛れているのが見えるが、これらもおそらく後に堕ちていく天使を暗示している。

Ⅲ-8　グリューネヴァルト《降誕と天使の合奏》（部分）

この《降誕と天使の合奏》の場面は、左翼の《受胎告知》、右翼の《キリスト昇天》に挟まれている。つまり、イエスの受肉から昇天までが集約されていることになる。この祭壇画がもともと聖アントニウス会修道院附属の施療院《せりょういん》にあったことを考慮するなら、これらの「悪魔」たちは、患者たちを苦しめるペストやレプラなどの病気を暗示していて、イエスとマリアの執り成しによる救済（治癒）が祈願されている、と解釈することもできるだろう。事実、この画面の下にはさらに第三層（祝日用）があって、そこには《聖アントニウスの誘惑》が描かれているのだが、聖人を誘惑するおぞましい悪魔たちは病気の化身でもあり、信仰によって聖人はそれらに打ち勝つことができたのだ。

ちなみにこの祭壇画の第一層（平日用）に描かれているのが、無惨《むざん》このうえない姿をさらす《磔《はりつけ》のキリスト》である（拙著『キリストの身体』を参照）。施療院に収容された当時の患者たちは、この絵を前に、壊疽《えそ》でただれたような皮膚のイエスの姿を目の当たりにして、自分たちの病気を重ねたことだろう。かすかな望みは、そのイエスが復活し昇天したことに求められる。

一方、問題の第二層は、日曜日のミサのために開帳されたことが知られている。だとすると、患者や修道士たちを前にミサ曲が演奏されていたと想像される。絵のなかの天使の奏楽は、このミサ曲を先取りし、予感させるものでもある。ただ、この絵が独特なのは、その祝福の甘美な音色のなかに、ルシフェル——病と死——の不穏な響きが闖入《ちんにゅう》していることである。それはまた彼らを取り巻いていた現実の反映でもあるだろう。

架空の楽器、空想のオーケストラ

さて、聖母を祝福する奏楽の天使たちがひとつの頂点を極めるのが、ガウデンツィオ・フェラーリ（一四七五／八〇─一五四六）が、ミラノ北方サロンノの町にある「奇蹟の聖母マリア」聖堂の大きな円天井全面に描いた《合奏の天使》（一五三四─四五年／Ⅲ-9・10）である。主題はやはりマリアの被昇天なのだが、ここでは被昇天のマリアは木彫で制作され、円天井のドラムの位置に据えられている。セラフィムたちに囲まれて円天井の頂上にいる神に迎えられようとするマリアを、無数の天使たちの大合奏が祝福している、という設定になっているのである。この大作はまた、美術史のみならず、音楽史や楽器の歴史にとっても貴重な証言として高く評価されている。

その奏楽の天使の数は八〇人を優に超え、ほとんどが多種多様な楽器を手にしている。楽器ではなくて巻物や本を手にした幾人かの天使たちは、伴奏に合わせて歌っているのだろう。だが、その歌声もにぎやかな奏楽にかき消されてしまいそう。それを補うのは、おそらく、この天井画の下に集《つど》ってミサ曲を唱えていた信者たちの声であっただろう。このとき、天使

Ⅲ-9　ガウデンツィオ・フェラーリ《合奏の天使》（部分）

の奏楽と人間の合唱とがひとつに溶け合うことになる。この教会堂はまた、「奇蹟のマリア」という名前で呼ばれているが、天使たちとともに昇天のマリアを祝福することで、人々はささやかな日常の奇蹟を祈願していたのかもしれない。

天使たちが手にしている楽器の種類も、当然ながら多岐にわたる。弦楽器と管楽器と打楽器のすべてを合わせて新旧五〇種以上にも及ぶとされるが、そのなかには現実には存在しない空想上の楽器も含まれるという。たとえば、管楽器と弓とを組み合わせたような奇妙な楽器や、バグパイプをやや滑稽《こっけい》でエロティックに変形したような楽器、さらに複雑怪奇に折れ曲がる管楽器などが、それである。どの天使たちも皆、明るい表情をしていて、マリアを祝福する演奏を心から楽しんでいる様子である。

Ⅲ-10　ガウデンツィオ・フェラーリ《合奏の天使》（部分）

画家のガウデンツィオ本人がリラの名手だったと伝記作者（ジャン・パオロ・ロマッツォ）が伝えるところから察すると、描き手の側にかなり音楽の素養があったことがうかがえる。これは当時としてはけっして珍しいことではない。レオナルド・ダ・ヴィンチもまたミラノ宮廷に雇われるために、リラの腕前を売り込んだのだった。

いずれにしても、ガウデンツィオの天使たちのにぎやかで快活な奏楽が証言しているのは、現実にオーケストラが生まれるよりもはるか以前に、人々は、大合奏の夢を天使たちに託していた、ということである。それは夢のなかでのことだから、空想上の楽器が活躍するのもまたありえる話なのである。

オーケストラの原型は、最初の本格的オペラといわれるクラウディオ・モンテヴェルディ（一五六七─一六四三）の『オルフェオ』（一六〇七年に初演）の伴奏に端を発するとされる。その楽譜には、チェンバロやハープ、ヴィオラ・ダ・ガンバやヴィオラ・ダ・ブラッチョ、ヴァイオリンやキタローネ（大型リュート）、コルネットやトロンボーンなどの楽器が指定されているが、もちろん、種類も数もガウデンツィオの「空想のオーケストラ」にははるかに及ばない。天使によって演奏されるガウデンツィオの「空想のオーケストラ」は、現実のオーケストラに先駆ける。ここでもまた、実際の現実を天使が先取りしているのである。あるいは、人間はまず天使を使って自分たちの夢を試しておいて、その後にそれを実現させようとした、といってもいいだろう。

聖チェチリアと音楽の天使

ところで、天使と音楽と聖人とのつながりと聞いて、多くの人が連想するのは、今日でも各地の音楽アカデミーや管弦楽団の名前に冠されることのある音楽の守護聖人、聖チェチリアではないだろうか。ローマの貴族の家に生まれ、結婚まで決まっていたが、その婚礼の当日、地上で奏されていた祝いの奏楽よりも天の調べに深く心打たれ、夫にも改宗を勧めて処女を守り抜いた末に殉教したとされる聖人である。つまりボエティウスの例の分類に倣うな

Ⅲ-11　「聖バルトロメオの画家」《聖バルトロメオ祭壇画》（中央パネル）

ら、彼女もまた、感覚を楽しませる「楽器の音楽」よりも、天使の奏でる「宇宙の音楽」に軍配を上げているのである。

聖チェチリアへの信仰は、たとえば文字どおりその名を冠したローマの教会堂（五世紀創建）が証言しているように、古くからあったことが知られているが、中世の図像ではことさら音楽との関係が強調されるということはない。地上の音楽を蔑《さげす》んだとされる以上、楽器を演奏するなどというのはもってのほかなのである。

ところが、彼女の場合もまたマリアと事情が似ていて、一四世紀の後半あたりから状況がかなり変わってくる。具体的に楽器、とくに楽器の総称にして代表でもある「オルガン」を手にしたり演奏したりする姿で登場するようになるのである。

たとえば、「聖バルトロメオの画家」（活躍一四七五／八〇―一五一〇）と逸名で呼ばれる画家の作品、《聖バルトロメオ祭壇画》（ミュンヘン、アルテ・ピナコテーク／Ⅲ‐11）がそれで、その中央パネルの右には、タイトルの聖人や寄進者らと並んで、鞴《ふいご》のついた手持ちオルガンを掲げる聖チェチリアが描かれている。そのオルガンの陰に隠れるように、小さな天使の姿も見える。その様子はまるで、彼女は天使に鼓舞《こぶ》されて楽器を奏している、とでもいわんばかりである。しかも天使がいることによって、たとえチェチリアが地上の楽器を奏でるとしても、それはあくまでも天の音色を響かせるためである、という大義名分が立つことになる。こうして、マリアの場合と同じように、チェチリアの場合にも、天使がいてくれるおかげで、一四世紀以降の音楽の発展を宗教画の図像に投影することができるようになるのである。もしも天使がいなかったとしたら、音楽と美術とがこんなにも密接に結びつくことはなかったかもしれない。

法悦へといざなう天使の歌声

この聖女に捧げられた絵画で忘れることができないのは、何といってもラファエッロの

《聖チェチリアの法悦》（一五一四年、ボローニャ、国立絵画館／口絵6）である。ここでも彼女は手持ちオルガンとともに登場するが、その楽器はいまや彼女の両手から滑り落ちそうである。事実、彼女の足元には現世の楽器の数々が無造作に転がっていて、そのなかの幾つかのものは壊れているように見える。逆に彼女は、法悦の表情で天を仰いでいて、その視線の先には、光にあふれる雲間で合唱にいそしむ天使たちがいる。「楽器の音楽」を放棄したチェチリアは、天使の詠《えい》じる「宇宙の音楽」にして神の音色に心の耳を傾けているのである。ここからわかるのは、器楽よりも声楽のほうがより神聖とみなされていたらしい、ということである。

彼女を囲むようにして見守っているのは、左から、聖ペテロと福音書記者聖ヨハネ、聖アウグスティヌスと聖マグダラのマリアの四人。彼らは各々の仕草で異なる役割を果たしていて、ペテロは瞑想《めいそう》し、真ん中の二人はたがいに視線を交わし、マグダラのマリアは鑑賞者を画面のなかに誘うよう視線を外に投げているように見える。天上の天使たちは六人いて、左の四人と右の二人がそれぞれ別の本（楽譜であろうか）を見ている。二つのグループがそれぞれ別の歌を詠じるということはありえないだろうから、別の声部が意図されていると考えられる。また、六と四と二という数字からは、一対二、二対三、三対四という比例がつくられ、これらはそれぞれオクターヴ、五度、四度となることから、完全音程とされる理想の調

Ⅲ-12　ライモンディ《聖チェチリアの法悦》

和が可視化されている、という解釈も可能である。

実はラファエッロは、この完成作の前段階として別の構想をもっていたらしいことが、マルカントニオ・ライモンディ（一四八〇頃―一五三四頃）による版画（グラスゴー、ハンテリアン博物館／Ⅲ-12）から推察されている。チェチリアを中心に左右に二人ずつ聖人を配する構図は基本的に変わっていないが、大きく変更されているのは、画面上の天使たちの音楽である。当初ラファエッロは、天上の天使たちに楽器を演奏させていたのだ。また、ライモンディによる版画では、はっきり天を仰いでいるのはむしろマグダラのマリアで、チェチリアはやや上目遣いをしているといった程度にとどまっている。

「楽器の音楽」の放棄と、天の調べへの観想と法悦というテーマは、それゆえ、完成作においてよりいっそう明確に打ち出されていることになる。美の観想によって神のイデアに近づくという新プラトン主義的な理念も、ここに反映されている。歓喜をたたえて天を仰ぐチェチリアの表情は、その後多くの聖人たちの法悦の表情の模範となっていくことになる。

一七世紀のバロックは、とりわけ法悦の聖人たちのイメージにあふれているが、チェチリアの法悦もまた好まれたテーマのひとつであった。さらに、対抗宗教改革によって初期キリスト教時代への関心が高まるなか、二世紀にローマで殉教した聖チェチリアの遺体が腐敗することなく完璧《かんぺき》なまま一五九九年に再発見されたという奇蹟が語り継がれ、そのときの状態が彫刻にも表わされたことで、彼女への信仰はますます高まりを見せることになる。

バロックの奏楽の天使たち

とはいえ、バロックになると、それまでとは少しばかりニュアンスが変わってくる。天使に促され霊感を吹き込まれるようにして、彼女はみずから進んで楽器の演奏に興じるようになるのである。それゆえ、もはや感覚を楽しませる「楽器の音楽」を蔑んでいるようには見えない。そのなかからいくつか興味深い作例を紹介しておこう。

たとえば、オラツィオ・ジェンティレスキ（一五六三―一六三九）の《聖チェチリアと天

Ⅲ-13　カルロ・サラチェーニ《聖チェチリアと天使》

使》（一六二〇年頃、ワシントン、ナショナル・ギャラリー／口絵7）では、楽譜を示す天使に誘われるようにして、聖女は鍵盤《けんばん》に両手を置いている。その表情は真剣そのもの、演奏に集中しようとしているようだ。穏やかな表情で聖女をまっすぐに見つめる天使も彼女への協力を惜しまない。

カルロ・セッリット（一五八一―一六一四）の作品（一六一三年、ナポリ、カポディモンテ美術館）でも、チェチリアは上方を仰ぎつつオルガンを演奏している。オルガンの背後には幼い天使がいて、鞴《ふいご》を操作している様子だが、これは先に見たようにルネサンス以来の図像の伝統に基づくものである。聖女の背後に控えているのもまた天使たちで、聖女とセッションしているが、今や彼らは、一七世紀当時の音楽を愛好する少年少女たちのように見える。

一方、カルロ・サラチェーニ（一五七九―一六二〇）の作品（一六一〇年頃、ローマ、国立絵画館／Ⅲ-13）では、聖女は大きなリュートを調弦している。その手ほどきをしているのが、背丈よりも高いコントラバスを手に、大きな翼をいっぱいに広げて、聖女に優しくささやきかけている様子の少年の天使である。天の音色と調和するためには、入念な調弦が必要となるだろう。それでなくてもリュートは音が狂いやすい。しかも、どちらかというとリュートは、世俗音楽にふさわしい楽器。とはいえこの構図は、天使にまつわる二つの図像の伝統、すなわち、大天使ガブリエルから神の子の受胎を告げられるマリアと、天使に霊感を吹き込まれる福音書記者マタイという図像を踏まえたものである。かつてマリアやマタイがそうであったように、チェチリアも、天使のおかげで神聖な音色を奏でることができるようになるのだ。

それまでのように「楽器の音楽」を蔑視《べっし》するのではなく、天使がむしろ率先して演奏を享受する、その早い例はカラヴァッジョの作品に求めることができる。チェチリアからは離れるが、《エジプト逃避途上の休息》（一五九六／九七年頃、ローマ、ドリア＝パンフィーリ美術館／Ⅲ-14）の天使がそれである。長旅で疲れた聖家族をしばし癒すために天使がヴァイオリ

Ⅲ-14　カラヴァッジョ《エジプト逃避途上の休息》

ンを奏でている。その音色に癒されたのであろうか、母マリアと幼児イエスは穏やかにまどろんでいる。家族のためにと、天使に楽譜を差し出しているのは、養父のヨセフである。実はその曲は、フランス＝フランドルの作曲家ノエル・ボールドウィンが一五一九年に発表したモテットで、旧約聖書の『雅歌《がか》』の一節「喜びに満ちた愛よ／あなたはなんと美しく楽しいおとめか」以下（7:7–13）に曲をつけたものであることが判明している。ここでも天使は、その音楽で聖母マリアを讃えているのである。

音楽をテーマにした同じ画家の他の作品がそうであるように、カラヴァッジョはもはや地上の器楽を一段と劣るものとは考えていない。また、そのパトロンであったローマのデル・モンテ枢機卿やジュスティニアーニ侯の宮廷には、ガリレオ・ガリレイの父で音楽家のヴィンチェンツォ・ガリレイ（一五二〇頃–九一）をはじめとして、多くの音楽家や演奏家たちが集っていて、画家とも接点があったことが知られている。先に取り上げた画家たち、サラチェーニやジェンティレスキやセッリットのいずれの作品も、大なり小なりカラヴァッジョの影響を受けた作風を見せているが、音楽と天使の関係についても、このことは当てはまるかもしれない。

Ⅲ-15　グラマティカ《聖チェチリアと二人の天使》

ベルナルド・カヴァッリーノ（一六一六―五六頃）の美しい作品《聖チェチリアの法悦》（一六四五年、ナポリ、カポディモンテ美術館／口絵8）では、ラファエッロらかつての先例に倣って、聖女は世俗の楽器ヴァイオリンを放棄し、そのことで天使から冠を授かっているのだが、面白いことに彼女の背後にはもうひとりの天使がちゃんと控えていて、リュートのような楽器を演奏している。もはや、天使でさえも地上の音楽を無視することはできないのだ。

もう一点、バロックの聖チェチリアを見ておこう。やはりカラヴァッジョの薫陶《くんとう》を受けている画家、アンティヴェドゥート・グラマティカの《聖チェチリア《ア》と二人の天使》（一六二〇／二五年頃、リスボン、国立美術館／Ⅲ‐15）である。ここで彼女は、リュートとハープを弾く二人の天使の伴奏に助けられて、何やら歌をうたっているような気配である。机上には、タンバリンとフルート、ヴァイオリン、そして楽譜と小型のリュートが置かれている。

この絵において、ラファエッロの《聖チェチリアの法悦》の理念は、ある意味で転倒させられているように思われる。というのも、天使たちはいまや地上の楽器を演奏することに何のためらいもなく、チェチリアも、その天使たちを見上げて瞑想しているのではなくて、同じ場所で一緒に音楽を楽しんでいるからである。しかも、歌っているのは天使ではなく聖女のほうである。

こうした変化はおそらく、音楽をめぐる当時の文化的で社会的な状況とも無関係ではないだろう。教皇庁の肝《きも》いりでローマに聖チェチリアの名を冠した音楽アカデミーが設立されるのが一六世紀の末のこと。その後、同様の音楽院が各国に生まれることになる（今やその名は音楽学校や音楽教室にまで波及している）。しかも時はまさに、オペラの誕生とバロック音楽の隆盛期を迎えつつあった頃。もはや、人間の耳に聴こえることのない「宇宙の音楽」は、ほとんど現実感を失いつつあったと考えられるのである。こうして音楽は聖チェチリアの名とともにいわば「世俗化」することになるのだが、その立役者となったのは、ここでもやはり、天上と地上を橋渡ししてくれる天使だったのである。

天使の音色はわたしたちを癒し慰めてくれる。文字どおり「天使の歌声」と呼ばれてきたカストラートの歌声がかつてそうであり、そして現代も少年少女合唱団の歌声がそうであるように。早くは聖フランチェスコもまた、天使の音楽に癒されたと伝記に語られ、このテーマはやはり一七世紀に盛んに絵画化された。モラッツォーネ（一五七三―一六二六、《聖フランチェスコの法悦》一六一五年、ロサンゼルス、カウンティ美術館／口絵9）、カルロ・サラチェーニ、グイド・レーニ（一五七五―一六四二）、グエルチーノ（一五九一―一六六六）らが名作を残している。多くの場合、天使はそこで飛翔しながらヴァイオリンを演奏し、聖人を法悦へと誘っている。

Ⅲ-16　フランチェスキーニ《法悦のマグダラのマリア》

同じ時代、聖チェチリアや聖フランチェスコに誘われるようにして、それまで天使の音楽とはあまり関係のなかった聖人、たとえばマグダラのマリアまでもが、たとえばマルカントニオ・フランチェスキーニ（一六四八―一七二九）の《法悦のマグダラのマリア》（一六八八年、ボローニャ、個人蔵／Ⅲ-16）に見られるように、奏楽の天使に慰められ、恍惚に浸るようになる。いわば、連鎖反応のようにして、聖人たちが音楽に聴《き》き惚《ほ》れるようになるのだ。これもまた、バロック音楽の発展と無関係ではありえない。

聖フランチェスコと熾天使セラフィム

とはいえ、ここでもういちど時計を中世に戻して、聖フランチェスコと天使との重要な接点について述べておかなければならない。お気づきの読者もいるかもしれないが、聖フランチェスコの聖痕《せいこん》拝受という出来事がそれである。聖人が晩年、ヴェルナ山で祈っていたときに、磔のキリストと同じ五つの傷——両手と両足と脇腹《わきばら》——を熾天使から授けられたというこのテーマについては、拙著『キリストの身体』でも触れたことがある。そのときは、磔のキリストの傷と聖人の傷との左右の対応関係を検討したのだが、ここではとりわけ熾天使との関係を問題にしよう。

聖痕について言及したいちばん古い資料は、フランチェスコの友人で聴罪《ちょうざい》司祭でもあったレオーネ（一二〇〇—七一頃）が、フランチェスコから送られた自筆の祝福の手紙（一二二四年、アッシジ、サン・フランチェスコ聖堂聖具室）に書き添えた次のようなメモにあるとされる。

福者フランチェスコは、死の二年前、神の母たる聖処女と大天使聖ミカエルに敬意を表わして、聖処女マリアの被昇天の祝日［八月一五日］から九月の大天使聖ミカエルの祝日［九月二九日］まで、ヴェルナ山で絶食の業をおこないました。すると、神の手が彼のもとに下りてきました。そして、セラフィムがあらわれて言葉を発した後、彼の身体に聖痕のしるし［インプレシオネム・スティグマトゥム］が刻まれたのです。彼は、主が自分にもたらしてくれた恵みに感謝して、この紙葉の裏に自筆にて賛美の言葉をしたためました。

この記録によると、レオーネはフランチェスコとともにヴェルナ山に登り、そこで熾天使セラフィムが聖人の前にあらわれて言葉をかけるところを目撃したという。ここではまだ、十字架のキリストがあらわれたとも、聖痕（スティグマ）がキリストと同じ傷であったとも述べられてはいない。それゆえ初期の図像では、聖痕拝受というよりも、セラフィムの出現の場面として描かれたものも少なくない。たとえば、聖地ヴェルナ山に残されている作者不詳の浮彫り（一三世紀、ア・ヴェルナ、聖痕礼拝堂／Ⅲ－17）では、画面の上下を二分するようにして、上にあらわれた堂々たるセラフィムを、聖人が仰ぎ見る様子が捉えられている。

Ⅲ-17 《聖フランチェスコの聖痕拝受》
Ⅲ-18 ベルリンギエーリ《聖フランチェスコの聖痕拝受》
Ⅲ-19 《聖フランチェスコ、熾天使、智天使》

拝受》（一二三五年、ペーシャ、サン・フランチェスコ聖堂／Ⅲ-18）の一場では、ひざまずいて祈る聖人の頭上に、六つの翼をもつセラフィムが出現している。

一方、パルマの洗礼堂の内部装飾（一三世紀半ば／Ⅲ-19）には、浮彫りの天使をはさんで、左に、フランチェスコに出現するセラフィム、右に、旧約聖書の『エゼキエル書』に基づく「四つの顔をもち、四つの翼をもつ、四つの生き物の姿」（1:4-14）の幻視が描かれている（『エゼキエル書』のこのヴィジョンは、すでに前の章で述べたように、熾天使に次いで神にきわめて近い天使的な形象、智天使ケルビムとみなされてきた）。つまり、聖フランチェスコの聖痕拝受をめぐっては、この奇蹟そのものよりも、むしろセラフィムの出現のほうに力点を置いた図像が初期には少なくなかったようで、このことは一三世紀の数々の写本挿絵などによっても証言される。

そもそも、聖フランチェスコのこのエピソードには、聖書のなかにいくつか原型がある。エゼキエルの幻視もそのひとつだが、もっと近いのは『イザヤ書』のもので、それによるとセラフィムが預言者イザヤのもとに飛んできて、祭壇の火をイザヤの口に触れさせ、こういったという。「見よ、これがあなたの唇に触れたので、あなたの咎《とが》は取り去られ、罪は赦《ゆる》された」、と（6:6-7）。さらに、ヴェルナ山での聖人の苦行は、受難を覚悟したイエス最後のオリーヴ山での祈りに対応するもので、このときイエスは、天からあらわれた天使によって力づけられたのだった。

このようにセラフィムの出現は、古くから神の愛と恩寵《おんちょう》の証でもあった。さらに異教のアモルのような天使がその矢で、信者に「愛の傷（ウルネラ・アモリス）」をもたらすことは、アウグスティヌスが証言していたとおりである（第I章を参照）。聖フランチェスコの聖痕もまた、こうした一連の伝統につながるものだが、それがとりわけ有名になったのは、その傷がイエスとそっくり同じものとされたからである。ここには、この創設者を「第二のキリスト」としてプロモートしようとする修道会の意向が大きく働いていた。

こうした図像においては、十字架のキリストと熾天使セラフィムの姿とが分かちがたく結びついて一体化する。聖フランチェスコの『大伝記』を著わした聖ボナヴェントゥラ（一二二一頃―七四）によると、「六つの翼のあいだに磔の男の顔」があらわれて、聖人を「喜びと悲しみ」で満たす。喜ばしく感じられたのは、「セラフィムの姿の下のキリストが彼［フランチェスコ］に向けていたまなざしの慈愛」のためであり、反対に、悲しく感じられたのは、「キリストが磔にされているのを見ることで、苦しい受難の剣が彼の心を貫いた」（XVIII:3）からである。フランチェスコがキリストと同じ傷を授かることができたのは、燃える天使セラフィムがいたおかげである。たしかにジョットのものをはじめとして、一四世紀以降の多くの図像では、キリストとセラフィムは一体となっていて、両者の判別がつきにくい。

さらに、聖チェチリアの場合と同じように連鎖反応も引き起こす。ライヴァルの修道会であるドミニコ会からもまた、聖痕を受けたという修道士が登場するのである。ドイツの神秘家ハインリヒ・ゾイゼ（一二九五—一三六六）がその人で、みずからが書き綴った伝記『ゾイゼの生涯』に報告された数々の神秘体験のなかに、聖痕拝受も含まれているのである。それによると、十字架の「キリストがセラフィムの姿を採って現われ、苦しみに耐えることを教える」とされ、挿絵まで添えられている（拙著『キリストの身体』図Ⅳ－8を参照）。

このセラフィムの姿をしたキリストを覆う三対の翼には、それぞれ、「進んで苦難を受け入れよ」「忍耐をもって苦難に耐えよ」「キリストに倣って、苦難に耐えることを学べ」と刻まれていたという。これは、セラフィムやケルビムの翼の羽が、中世において、記憶の場とみなされ、記憶術の図像に使われていたこととも関連している（メアリー・カラザース）。だが、そのことよりもわたしたちにとって興味深いのは、聖痕拝受のヴィジョンにおいて、天使としてのイエス、天使のようなイエスという、初期キリスト教の時代に異端とされ排除された見方が、図らずもよみがえっている、という事実である。キリストと天使の結びつきはそれほどまでに強く、聖人たちの図像においても、けっして忘れ去られることはなかったのだ。

第Ⅳ章　堕ちた天使のゆくえ

——天使と悪魔

この章では、まず一枚のひじょうに特異な作品からご覧いただこう。それは、ロレンツォ・ロット（一四八〇―一五五六）の《ルシフェルを退治する大天使ミカエル》（一五五〇年頃、ロレート、サンタ・カーザ宝物館／Ⅳ-1）である。どこが特異かというと、何よりも、大天使と悪魔ルシフェルの二人が、まるで双子の兄弟でもあるかのように酷似している点である。一方が甲冑《かっちゅう》をつけ、他方が裸であることを別にすれば、年齢と背格好、青い翼、そしてとりわけ顔の特徴において、二人はたがいの鏡像のように瓜二《うりふた》つなのである。その姿勢もちょうど鏡像のように折り重なる。

『ヨハネの黙示録』(12:7-9) に依拠して、中世からくりかえし描かれてきた同様の主題では、魔王ルシフェルは、おぞましい怪物か、あるいは、たとえ人間のような身体をもっとしても、ミカエルとは対照的にいかにも悪玉といった様相で表現されるのが慣例だから、ロット作品はほとんど類例のないものである。このことは、たとえばラファエッロ（パリ、ルーヴル美術館）やブロンツィーノ（一五〇三―七二、フィレンツェ、ヴェッキオ宮、エレオノーラ礼拝堂）、ボニファチオ・ヴェロネーゼ（一四八七—一五五三、ヴェネツィア、サン・ジョヴァンニ・エ・パオロ聖堂／Ⅳ-2）など、同じ一六世紀の他の画家たちの作品と比べるならいっそう明らかとなる。とりわけ最後の絵は、当時からヴェネツィアにあるもので、ロットも見知っていたに違いなく、構図は類似しているから、それだけに差異はいっそう顕著である。

Ⅳ-1　ロレンツォ・ロット《ルシフェルを退治する大天使ミカエル》

　大天使と悪魔とが瓜二つ。そこには、ほのかに異端的な香りすら漂っているように感じられる。事実、この画家は、マルティン・ルター（一四八三—一五四六）の肖像画（現存せず）を描いたとみずから『出納帳《すいとうちょう》』に記していて、イタリアにおける改革派とも近しい関

Ⅳ-2　ボニファチオ・ヴェロネーゼ《ルシフェルを退治する大天使ミカエル》

係にあったとする研究もある。その真偽のほどはしばらく措《お》くとしても、この画家ロットは、同じようにいわくありげな絵を何点か残している。

たとえば《受胎告知》（一五三四年頃、レカナーティ、市立美術館）では、地上のマリアのもとに降りきたったばかりで、金髪の巻き毛をなびかせている美しい大天使ガブリエルが、床に影を投げかけているのだが、その暗い不気味な影は悪魔の姿をしているように見えるのである（これについては拙著『処女懐胎』を参照）。突然の出来事に、マリアも驚いて逃げ惑っている様子だ。まるで影が正体を暴く、とでもいわんばかりである。「サタンでさえ光の天使を装うのです」とは、使徒パウロの言葉でもある（『コリントの信徒への手紙 二』11:14）。

天使はなぜ堕ちたのか

悪魔も実はもともとは天使で、最初は等しく神に祝福されていた、この考え方は、外典の『エノク書』ではっきりと打ち出されることになるものだが、ずっとさかのぼるなら『創世記』のなかにすでに暗示されていたものである。それによると、「神の子」すなわち天使たちは、地上に生まれている美しい娘たちを見て欲望をかきたてられ、自分たちの妻にするようになった。こうして、「神の子らが人の娘たちのところに入った」ことで、「ネフェリム」と呼ばれる「英雄たち」が地上に生まれ、挙句には人間のあいだに悪がはびこる羽目になったのだという（6:1-6）。ノアの大洪水が起こるよりもまだずっと前の話である。悪の原因は、神にではなくて、神の御使いの堕落に求められる、というわけだ。墜落した天使、そしてそれによって地にはびこるようになる悪、ユダヤ教とキリスト教における二大テーマの起源がここにある。

ロットもおそらく、天使と悪魔が本来は同じひとつのものであった、という『創世記』に暗示された考えに基づいて、二人を双子のように似せて描いたのだろう。落下するルシフェルには、悪魔の証である尻尾《しっぽ》が生えはじめているが、それでも、巻き髪の輝く金髪はいまだに健在である。一方のミカエルもけっして勝ち誇った様子ではない。長い剣をかざすその右手とは裏腹に、そっと下に伸ばされた左手は、落ちていく分身を助けるために差し出されているようにも見える。

そもそも、わたしたちの誰もが天使と悪魔の両面を持ち合わせているのではないだろうか。中世末期から広く読まれてきたヤコブス・デ・ウォラギネの『黄金伝説』でも、すべての人間には二人の天使、すなわち善い天使と悪い天使が与えられている、と説かれている。また、ユング心理学によれば、わたしの影はわたしの分身であり、しかもわたしが認めたくないわたしの部分である、という。だとすると、天使が悪魔の影を見せるというのは、天使の分身が悪魔でもありうることを暗示するだろう。

サタンとルシフェル

『創世記』とともに、旧約聖書にはもう一箇所、悪魔の前身が天使であったことを示唆するくだりがある。『イザヤ書』の「ああ、お前は天から落ちた明けの明星《みょうじょう》、曙《あけぼの》の子よ。お前は地に投げ落とされたもろもろの国を倒した者よ」(14:12)、がそれである。落ちた「明けの明星」が悪魔の正体だ、というわけだ。星と天使とが結びつくことは、第I章で見たとおりである。金星には、日の出に先駆けて東の空に昇る「明けの明星」と、日の入りの後も西の空に残って輝く「宵《よい》の明星」とがあるために、このような対照的な二面性を帯びることになったのだろう。

これを受けて、『ルカによる福音書』には、イエスの言葉として、次のように記されている。いわく、「わたしは、サタンが稲妻のように天から落ちるのを見ていた」(10:18)、と。「明けの明星」は「光をもたらすもの」という意味で、ラテン語で「ルキフェル」と呼ばれるが、これがこのまま、落ちた「明けの明星」である悪魔ルシフェル（あるいはルシファー）の語源となったわけである。

この「明けの明星（ルキフェル）」と「サタン」とが実はもともと同じものにほかならない、と早くから解釈していたのが、『諸原理について』のオリゲネスである。彼によると「確かに、悪魔はかつて光であった」(I:5.5)。

オリゲネスのこの力強い言葉は、それゆえ、「サタンとルシフェルは同じもの」といいかえることができる。するとこのことは、ロットの絵の特徴、つまり悪魔と天使とが瓜二つであることをうまく説明してくれるように思われる。もちろん、ロットがオリゲネスを読んでいた可能性は低いとしても、そうした考え方に通じていたということはありうるだろう（中世に異端とされたオリゲネスは、ルネサンスになると、一四三九年のフィレンツェ公会議であらた

Ⅳ-3　ポントルモ《聖ミカエル》

めて糾《きゅう》弾《だん》されたとはいえ、一部でふたたびよく読まれるようになった）。天使と悪魔は、もともとひとつだったのであり、絶対的に対立しあうものとはいえないのだ。

　伝統的にキリスト教美術では、神（そしてその使いとしての天使）と悪魔の対立は、大天使ミカエルによる勇ましい竜退治の場面として表現されてきた。その作例には枚挙にいとまがない。それらにおいては、悪と戦って打ち勝つ善が、美と醜の対立としても捉えられている。というのも、美しくてたくましいミカエルと、逆におぞましくも醜いルシフェルという両者の対比が、ほとんどの場合、一目瞭然《いちもくりょうぜん》と強調されているからである。だが、ロットの絵はあえてそうした図像の定石《じょうせき》に逆らっているように思われるのである。

　この絵とほぼ同じ頃、同じテーマでやはり一風変わった作品を残した画家がいる。フィレンツェのヤコポ・ダ・ポントルモ（一四九四―一五五七）である。彼にもまた異端の嫌疑がかけられることがあった。その作品《聖ミカエル》（一五一九年頃、エンポリ、コッレジャータ美術館／Ⅳ-3）では、大天使が踏みつけるルシフェルは、いたいけない小さな子どもの姿をしていて、ミカエルの表情にも勝ち誇った様子は一切なく、むしろ痛々しいような面持ちである。

この幼児は、第Ⅰ章で見てきたように、ルネサンスで流行したプットーないしスピリテッリと同類のものであると考えられる。ポントルモは、天使ばかりか、ルシフェルにもプットーの姿を応用しているのだ。ただしよく見ると、その背中についた翼がプットーのそれと異なっていて、黒い蝙蝠《こうもり》のものであることがわかる。この着想がどこから来たものかは不明だが、勧善懲悪《かんぜんちょうあく》の意図があまりにも明白な他の類作とは一風違う作品を描こうとしている点では、ポントルモにもロットとの共通性が認められる。『芸術家列伝』のヴァザーリによると、ポントルモという画家は、「お頭ここにあらず」といった様子で、いつも新しいことを空想していた」。「奇想」や「風変わりな」ものに心奪われている「メランコリック」な性格というのが、生前からこの画家の評判であった。いずれにしても、ここでもまた、プットーの姿をとることで天使と悪魔が近接しているのだ。このプットーは、悪戯《いたずら》っぽい仕草で、ミカエルのトレードマークである最後の審判の天秤の一方の皿を引っ張って、鑑賞者のほうに差し出している。おそらくそれは、地獄に落ちることが運命づけられた魂に用意される皿のほうであろう。

ティタンと堕天使

ところで、「神の子」たる天使が人間の女と交わって「英雄」を産んだという『創世記』の話は、どこかギリシア神話の巨人ティタンたちを連想させるところがないだろうか。というのも、半神半人にして英雄でもあるティタンたちは、最高神ゼウスが、黄金の雨や白鳥などに変身して人間の女と交わったことで、この世に生を享けた者たちだからである。ペルセウス、ディオスクロイ、ヘラクレスらがそれに当たる。また、プロメテウスやティテュオス、シシフォスらの勇者たちも、同じくティタンの仲間に数えられる。

しかも、彼らはたいてい父であるゼウスの怒りをかったために、永遠につづく拷問《ごうもん》を課されたり、奈落《ならく》のタルタロスに堕とされたりする。たとえばプロメテウスが、人間に火を与えてやろうとしたために、ゼウスの逆鱗《げきりん》に触れ、ハゲタカに臓腑《ぞうふ》をえぐられつづける拷問を受けることになるという顚末は、皆さんも耳にしたことがあるだろう。二度も神に背《そむ》いたために、何度持ち上げてもそのたびに転がり落ちてくる巨大な岩を、それと知りつつたえず頂に運びつづけなければならないシシフォスの運命についても、フランスの作家アルベール・カミュ（一九一三―六〇）によって現代に広く知られるところとなった。ティテュオスもまた、冥府にてプロメテウスと似たように内臓をえぐられる罰を受ける。

こうした異教のティタンたちの運命は、一見したところ、この章のテーマとは何の関係もないように思われるかもしれないが、必ずしもそうとはいえない。というのも、男の神と人間の女とが交わることによって「英雄」ないし「巨人」が産まれること、そして彼らが神によって罰せられるという筋書きは、本章の最初に取り上げた『創世記』(6:1-4)の話と興味深い類似性を見せているからである。ティタンを退治することによって、オリュンポス十二神の頂点に立つゼウスへの崇拝が確立することになる。ゼウスが父クロノスに戦いを挑んだとき、ティタンはクロノス側についたのだが、あえなくも敗れ、新しい天空神が古い自然神に取って代わることになったのである。この異教神話は、神に逆らったために冥府に落とされる天使たちの話と、つながるところが少なくない。

実際、使徒ペテロの手になるとされる『ペトロの手紙 二』によると、「神は、罪を犯した天使たちを容赦せず、暗闇という縄で縛って地獄に引き渡し、裁きのために閉じ込められました」(2:4)とあり、天使の堕落が語られるのだが、ここで「地獄」と名指されているのは、ギリシア語の原語で「タルタロス」のことなのである。つまり、ゼウスによって罰せられたティタンたちが堕とされ幽閉された奈落の底である。異教とキリスト教との面白い習合が、ここにも見られるのである。

ユダヤの黙示文学のひとつで、旧約聖書の外典『シビュラの託宣 三』（前二世紀）にも、ティタンの神話が登場する。ここには、ティタンたちが生まれる経緯、クロノスと組んだ彼らが、ゼウスの軍勢に滅ぼされるさまが語られていて（105–158）、ユダヤ人たちのあいだでも異教神話が知られていたことがわかる。そもそも「シビュラ」とは、アポロンの神託《しんたく》を受け取る異教の巫女《みこ》のことだから、この外典それ自体が、シビュラの名を借りてユダヤの黙示録を語るという体裁をとっているのである。

このように、キリスト教における天使の墜落と、ギリシア・ローマの神話におけるティタンの処罰とのあいだには、興味深い類似が見られるのだが、このことに気づいていた初期キリスト教時代の神学者がいる。またしても、ヘレニズム文化やプラトン主義に深く通じていた、アレクサンドリアのオリゲネスである。その著『ケルソス駁論』によると、「ある種の悪しき精霊（ダイモーン）」や「ティターン族ないし巨人族」は、「真の神性や天上の御使いたちに対して不敬な態度をとり、天から堕落して、濃密で汚れた地上の身体の周囲をうろついていた」。さらに「それらは最も貪欲《どんよく》で凶暴な動物や他の非常に邪悪な動物のなかに入り込み、お望みのときにそれらを自分の思う通りに動かした」（IV:92）、というのである。悪はこうして獣性とも結びつく。オリゲネスのなかでは、ユダヤ・キリスト教における堕天使の言い伝えと、ギリシア・ローマにおけるティタン族のそれとのあいだに、必ずしも明確な境界線が引かれているというわけではないようだ。

外典『エノク書』のなかの堕天使たち

さらに、堕落する天使のことをかなり詳しく語っているのが、先述したように、同じく旧約聖書の外典『エノク書』である。その大筋は『創世記』のものに準じている。すなわち、この世の創造からしばらくして、「人の子らが数を増していくと、彼らに見目麗《みめうるわ》しい美人の娘たちが生まれた。これを見たみ使いたち、（すなわち）天の子たちは彼女らに魅せられ、「さて、さて、あの子らの中からおのおの嫁を選び、子をもうけようではないか」と、言いかわした」、というのである。シェハザミという名の天使を筆頭にして、その一群は二〇〇人もの数に上ったとされる（6:1–8）。くわえて、これら天使たちと人間の女とのあいだに「とてつもない巨人たち」が生まれたという経緯、そしてこの巨人たちが悪行を重ねたという話（7:1–2）もまた、基本的に『創世記』を踏まえたものである。

一方、『創世記』とはっきり異なるのは、これら地上に降りてきた天使たちが、人間にさまざまな技術や知識をもたらしたとされている点で、その仔細《しさい》まで列挙されている。彼らは「女たちに医療、呪《のろ》いを教え、(薬)草の根や灌木《かんぼく》の断ち方を教えこんだ」(7:1)、というのである。さらに、アザゼルという天使は、「剣、小刀、楯《たて》、胸当ての造り方を人間に教え、金属とその製品、腕輪、飾り、アンチモンの塗り方、眉毛《まゆげ》の手入れの仕方、各種の石のなかでも大柄の選《え》りすぐったもの、ありとあらゆる染料を見せた」(8:1)。つまり、武器の製造をはじめとして、貴金属や宝石の加工、染色や化粧《けしょう》などに至るまで、すべてひとりの堕天使アザゼルによって人間に授けられているのである。くわえてこの『エノク書』第八章では、魔術とその防ぎ方、天文学や占星術などの知識もまた、地上に落ちた天使たちによって人間に伝えられたことが語られる。

もしもそうだとすると、堕天使たちは、人間に知識や技術をもたらしてくれたことになり、その点では、必ずしも一方的に悪事を働いたとばかり決めつけることはできないように思われる。この話は、ギリシア神話において、人間に火をもたらしたためにゼウスから罰せられたプロメテウスの話にもどこか通じるところがある。火は人間に文明をもたらすが、同時に、その文明を破壊せしめる脅威ともなりうる。知識や技術は、それをどう使うかによって、諸《もろ》刃《は》の剣《つるぎ》となるのだ。このことは何も科学技術の著しく発達した現代に限った話ではない。わたしたちは古くからの教訓にもっと学ぶべきであろう。

『エノク書』に戻るなら、残念ながら、事態はますます悪いほうへと向かう。堕天使たちが人間の女に産ませた巨人たちは、「人間を食わんものと彼ら（人間）に目を向けた」（7:4）。金銀細工の装飾や化粧や染色の技術を人間が身につけはじめるや、世の中には「はなはだしい不敬虔なことが行なわれ、人々は姦淫《かんいん》を行ない、道をふみはずし、その行状はすっかり腐敗してしまった」（8:2）。かくして、人類は堕落の坂を転がっていく。

このとき、四人の大天使――ミカエル、ガブリエル、ウリエル、ラファエル――が「空から見おろすと、おびただしい血が地上に流され、ありとあらゆる暴虐が地上に行なわれているのが見えた」（9:1）。こうして、神は大天使たちに命じて、堕天使たちを処罰することになる。ラファエルは、「アザゼルの手足を縛って暗闇に放りこめ」（10:3）、と命じられる。ガブリエルは、堕天使たちが人間の女に産ませた「巨人たち」を「人間のなかから滅ぼし去れ」（10:9）、と託される。そしてミカエルに課されたのは、審判の役目、つまり堕落した者たちを「彼らの審判と終末の日、永遠の審判が終了するまで、大地の丘の下につないでおけ」（10:12）、という役目である。このように『エノク書』において、天使の堕落と、大天使たちによる撃退という旧約聖書に記された粗筋が、より詳細かつ大胆に描写されることになったのである。あたかも、聖書がいいよどんでいたことを、ここぞとばかりに発散させるかのように。

天使の「自由意志」その一――オリゲネスの場合

だが、それにしてもなぜ一部の天使たちは、わざわざ地上に降りてきたのだろうか。なぜ堕落の道に走ったのだろうか。そのままでいれば、肉体に縛られることも、空腹にわずらわされることもなく、天上で永遠の生を享受できていたにもかかわらず。

『創世記』でも『エノク書』でも、その原因はつまるところ人間の女の美しさに目がくらんだからだ、とされる。いいかえるなら、「女は災いの元」とか「犯罪の陰に女あり」とかということになるだろうが、もちろんそれは、男に都合のいい罪の転嫁《てんか》にほかならない。紋切《もんき》り型《がた》の偏見はすでに太古の昔からあったようだ。

なぜ天使は悪に染まってしまったのか。この問題を深く掘り下げたのもまたオリゲネスである。『諸原理について』の「序」において、「悪魔と言われる者はかつて天使であった」と明言し、この天使が「背反し」たために「悪魔の使いと呼ばれる」ようになったと説明する。つまり、邪悪な霊の天使たちが最初からいたわけではない。第一、神がそんなものをつくるはずはない。

では、なぜ彼らは神に背いたのか。オリゲネスによれば、「善と悪の両方を受け入れる能力を有していない本性は、何一つ存在しない」、という。要するにわたしたちは、誰でも善にも悪にも染まりうる可能性をもって生まれている。とはいえもちろん、「すべての善の源泉である神の本性（natura）とキリストの本性は例外である」（I:8.3）。堕ちた天使は「生理的衝動」に動かされてしまったが、そうした度を超えた衝動や本能をコントロールできる能力を、天使のみならずわたしたちの誰もが同等に有している。「この可能性をいかに用いるか」（III:2.3）、それこそが肝要な点である。

この神学者は、けっして教条的でも禁欲主義的でもない。すべての者にそなわる「この可能性をいかに用いるか」が問題なのだ。いいかえれば、わたしたちに平等に与えられた「この能力を自由な決断の力をもって」いかに生かすか、それこそが肝心である。これは、現代のわたしたちにも当てはまる貴重な教訓である。ここでオリゲネスは、天使と人間とをはっきりとは区別していないように思われるが、それというのも、人間の霊魂は天使に起源をもつからである。天使は人間の模範でもあるのだ。

さらに、このアレクサンドリアの神学者は、『ヘルマスの書』を参照しながら、「個々の人間に二人の使いが伴っている」とも述べる。つまり、わたしたちの心には、誰でも天使と悪魔の両方が棲《す》んでいるのだ。これは早くも、ヤコブス・デ・ウォラギネを先取りする主張である。悪にそそのかされるか、それに従わないでいられるか、それを「自由に決断する能力を我々は堅持しているのである」(III:2.4)。

その後長く神学や哲学において重要なテーマとなっていく「自由意志」をめぐる議論の発端の早い例のひとつが、ここにある。しかもオリゲネスによれば、この「自由意志」によっていちど悪に染まった者にも、ふたたび善へと戻ってくる可能性は残されている。堕ちた天使、あるいは悪魔にも救いの道はあるのだ。この点では、後に自由意志を認めながらも、アダムとイヴの「原罪」以後にすべての人間は罪を背負って生まれ、神の恩寵によらなければ自由意志を働かせることはできないと考えたアウグスティヌスとは、やや見解を異にしている。

ひるがえってオリゲネスは、「悪魔の支配下に行動」する者であっても、「自由意志を有している者として」「善へと改心することもありうるのだろうか」と自問して、すかさず肯定的な答えを導きだしている。すなわち、その可能性は、「各々の自由意志による働きと努力によって、各々の者がなす進歩と退歩による」(I:6.3)、というのである。

善きダイモンと悪しきダイモン

古代ギリシアの「ダイモン」にたいしても、オリゲネスは、一方的に「悪魔」もしくは

「悪霊」と読み替えることは控え、プラトンらにおけるその語の原義をも考慮しつつ、かなり柔軟な捉え方をしている。ギリシアの詩人や哲学者たちには霊が取りついていて、それが彼らをして詠わしめ、語らしめる。これらの霊はそれぞれの「自由意志に応じて選択した働きをなす」。オリゲネスは「ダイモン」の意義をはっきりと理解しているのである。

たとえば「詩作の学をもたらすある特定のエネルギア・霊があり、また幾何学をもたらす霊があり、同様にこのような様々の学をそれぞれの人に注ぎ込む霊がある。事実、多くのギリシア人は、狂気なしには詩作は不可能と考えていたのである」。詩人は神がかり（divinus）で詠うのであり、「彼らは、彼らを支配している霊鬼《れいき》（daemon）の働きの結果、巧妙な詩の形で神託を宣言している」（III:3.3）。これらの引用からもわかるように、オリゲネスは、異教の「ダイモン」の善き理解者でもあるのだ。

これにたいして、新約聖書ではすでに、「ダイモン」を一面的に「悪霊」と捉える見方が支配的だったようである。たとえば、『マルコによる福音書』において、洗礼のときにイエスに降りてきた神の「霊」は「プネウマ」と呼ばれるのにたいして（1:10）、そのイエスが病人などから追い出す「霊（悪霊）」は「ダイモニア」と名指される（1:34,39）。イエス・キリストは、神の「霊（プネウマ）」によってサタンの「悪霊（ダイモン）」を追い払う善き霊媒師でもある。

さらに、この「悪霊」は偶像崇拝とも結びつく。「偶像に献げる供え物は、神ではなく悪霊に献げている」(『コリントの信徒への手紙 一』10:20)、というわけである。ここでは明らかに、異教の神々たちのことが念頭に置かれている。『ヨハネの黙示録』でもまた、「悪霊」と「偶像」を礼拝することをやめようとしなかった者たちが、天罰の対象になっている(9:20)。

これら新約聖書の解釈を受けて、「善きダエモン」の存在をきっぱりと否定することになるのは、『神の国』のアウグスティヌスである。それによると、異教のダイモンは一方的に、「あからさまにいうと、不浄で、疑いもなく悪意の霊によってつくられたもの」「人間の魂がそのためにますます空《むな》しく」なるものとみなされる(VI:4)。というのも、「この呼称が聖書の各書に見られるところではいずれも、それがダエモンと呼ばれようとダエモニアと呼ばれようと、悪しき意志をもった霊が表示されている」からである(IX:19)。オリゲネスとはまさに対照的な理解がここにある。

しかしながら、アウグスティヌスの理解はやはり一面的にすぎる捉え方であるように思われる。なぜなら、異教徒(他者)に取りつく霊を「悪霊」として、さらに彼らが崇める神像を「偶像」として貶《おとし》め、自分たちの「聖霊」や「聖像」と峻別《しゅんべつ》するという論法が、キリスト教に限らずいかにはびこってきたかは、歴史と現実が証言しているからである。

古くはユダヤ教において、ギリシアの半神半獣の自然の精霊サテュロスは、「セイリム（山羊の魔神）」と呼ばれ、忌み嫌われていた。いわく、「淫行《いんこう》を行ったあの山羊の魔神に二度と献げ物をささげてはならない」（『レビ記』17:7）。同じ「山羊の魔神」は、『歴代誌 下』(11:15）や『イザヤ書』（34:14）でも悪霊の化身として登場する。さらに、異教の神あるいは邪神は「シェディム」と呼ばれ、「悪霊」と訳されている（『詩編』106:37)。これは、牡牛の身体に人間の頭部をもつメソポタミア起源の自然の精霊シェドゥのことを指すとされる。

さらに、やはり旧約聖書の『列王記 下』に登場する異教徒「エクロンの神バアル・ゼブブ」（1:16）もまた、ユダヤ人のあいだでは悪魔の王のひとりとみなされていた。『マタイによる福音書』では、これは「悪霊の頭《かしら》ベルゼブル」（12:24）と呼ばれている。とはいえ、この神はもともとシリアの雷神バアルに対応するとされている。

かくのごとく、「悪魔」や「悪霊」は、しばしば不寛容ゆえに敵視される他者の神々の別名にもなってきたのだし、このことは、出口の見えない今日の宗教的・政治的対立のなかで再浮上し、一段と深刻化してきている問題でもあるのだ。

さらに、神学において伝統的に、「偶像」にたいして「聖像」が区別されて擁護されてきたが、実のところこの区別は本質的なものでも絶対的なものでもない。なぜなら、他者の「聖像」を一方的に「偶像」と決め付けて破壊するという蛮行《ばんこう》がくりかえされてきたからである。カトリックが新大陸の神々にたいして、プロテスタントがカトリックの図像にたいしておこなってきた破壊行為を思い出せばいいだろう。「聖像」ならいざ知らず、邪教の「偶像」は存在してはならない、というわけである。同じ理屈によって現在もその蛮行がくりかえされている（一部のイスラーム過激派による仏像や古代オリエントの神像の破壊など）。

さて、話がやや膨《ふく》らんでしまったかもしれない。キリスト教はその後、オリゲネスが示唆していた「堕ちた天使」や「ダイモン」のイメージ、そして「自由意志」の理念とはやや違う方向に進んでいったように思われる。すなわち、「自由意志」は神の「恩寵」にすっかり飲み込まれ、「ダイモン」は一方的に「悪魔」とみなされ、「堕天使」はおぞましい姿をさらしつつ大天使ミカエルによって撃退される。いったいどれだけおびただしい数の図像が、この「堕天使」のイメージ作りを後押ししてきたことだろうか。そのグロテスクな悪役像と、あからさまな勧善懲悪の絵の数々には、やや辟易《へきえき》させられるほどだ（図版を示すのもためらわれるほど）。

裏切り者ユダ——サタンの手先

悪魔に憑《つ》かれるとどんなことになるか。キリスト教はその典型を裏切り者イスカリオテのユダに演じさせてきた。いわずとしれたイエスを売ったとされる使徒のひとりである。『ルカによる福音書』や『ヨハネによる福音書』によれば、その裏切り行為はユダに入り込んだ「サタン」の業であるとされる。それゆえ、有翼の黒い悪魔に取りつかれた姿のユダがくりかえし描かれてきた。

その罪を悔いて絶望したユダは、首をつってみずから命を絶つ。このエピソードを伝えるのは、四人の福音書記者のうちマタイだけだが（27:5）、『使徒言行録』にはまた別の顚末が語られている。それによると、イエスを売った報酬で「土地を買ったのですが、その地面にまっさかさまに落ちて、体が真ん中から裂け、はらわたがみな出てしまいました」（1:18）、という。このユダの最期にはおそらく、地上に落ちる堕天使と、天罰で内臓をえぐられるプロメテウスのイメージとが重なり合っている。ここでも、異教とユダヤ・キリスト教のあいだで意外な習合が起こっているのだ。

自害したのか地に堕ちたのか、いずれが事実であったとしても（あるいはどちらとも創作の可能性も否定できない）、その後ユダはたいていの場合、地獄の底で首をつり、腹が裂けて内臓が垂れ下がるという無惨な姿で描かれてきた。つまり、『マタイによる福音書』と『使徒言行録』の二つの記述が合体した図像になっているのである。悪いことは重なるというが、ユダの運命がまさにそれである。その作例は枚挙にいとまはないほど。

Ⅳ－4　カナヴェジオ《ユダの首吊り》

たとえば、もっとも極端な例のひとつをあえて挙げておくなら、北イタリアの画家ジョヴァンニ・カナヴェジオ（一四五〇以前―一五〇〇）が、イタリアとの国境に近い南フランスの田舎町の教会堂に描いた《ユダの首吊《くびつ》り》（一四九一年、ラ・ブリーグ、ノートル・ダム・デ・フォンテーヌ聖堂／Ⅳ－4）がある。そこでは、これでもかといわんばかりにおぞましいユダの姿が強調されている。裂けた腹から垂れ下がる臓物、蝙蝠の翼をした黒い悪魔がそのなかからユダの霊魂を抜き取ろうとしている。死してもなお両目を剝《む》いたユダは、いかにも悪者といった風貌《ふうぼう》である。西洋の人たちにとって、この類のユダのイメージは、長年のあいだずっと記憶の奥底に焼きついてきたものであったにちがいない。

ところが、これら聖書の正典や図像の伝統とは異なるか、むしろ逆転させているユダ像が、まさしく初期キリスト教の時代に存在したことが、近年明らかにされつつある。そのきっかけとなったのは、一九七〇年代に再発見され、各国語に翻訳されて読まれている、コプト語による外典の『ユダの福音書』（二世紀半ば）である。その存在は、異端を断罪する書物などで言及されているところから、間接的に知られてはいたが、全容が明らかとなったのは、ここ数十年のことである。興味深いことに、ここでユダは、イエスにもっとも信頼され愛される弟子とみなされ、イエスから「御国の秘儀」や「隠された言葉」を特別に伝授される「十三番目の神霊（ダイモン）」として登場する。ここで言う「ダイモン」は、悪魔ではなくて、本来の意味で理解される。それゆえユダの裏切りも、イエスの肉体を犠牲にして死に引き渡し、そうすることでイエスの霊魂を完全なるものとした、と解釈しなおされているのである（荒井献）。つまり、ユダがいたからこそ、イエスは肉体を克服して霊的存在になりえた、というのだ。

そもそもユダの行為がなければ、イエスの受難や復活もありえないとすれば、ユダはイエスにとって必ずしも裏切り者とはならないだろう。実際、『マタイによる福音書』では、イエスはユダに「友よ、しようとしていることをするがよい」（26:50）と促してさえいる。いわばユダの「自由意志」を尊重しているのである。「サタン」に憑かれて私利私欲のためにイエスを売ったと記しているのはルカやヨハネであるが、マタイではそのニュアンスは薄い。それればかりか、マタイによるとユダは、自分のしたことを深く後悔し、報酬の銀貨三〇枚も祭司長たちに返したうえで、自責の念に駆られてみずから命を絶つ（これを伝えるのはひとりマタイだけである）。周知のように、自殺はキリスト教では大罪のひとつとみなされてきたが、マタイの時代の一世紀には、その考え方はいまだ支配的ではなかった（自殺が大きな罪となるのは、アウグスティヌス以降のことであるといわれる）。

つまり、初期キリスト教の時代にさかのぼるなら、福音書記者たちのあいだにおいてすら、ユダの「裏切り」について微妙な見解の相違があった、ということである。同様のことは「娼婦《しょうふ》」の濡《ぬ》れ衣《ぎぬ》を着せられたマグダラのマリアにも当てはまるが、これについては拙著を参照願いたい（『マグダラのマリア』）。

残念ながら、こうしたもうひとつのユダのイメージが絵画に投影されることはほとんどなかったように思われる。例外的に、カラヴァッジョの《キリストの捕縛》（一六〇二年、ダブリン、アイルランド国立美術館）やルドヴィコ・カッラッチ（一五五五―一六一九）の《ユダの接吻《せっぷん》》（一五八九／九〇年、プリンストン大学美術館）、レンブラント（一六〇六―六九）の《銀貨三〇枚を返すユダ》（一六二九年、個人蔵）などがあるが、これらについて論じることは小著のテーマからやや外れることになる。いずれにしても、一方的にユダを悪者扱いしているとはいい切れない表現であるのは確かだ。

また、二〇世紀に入ると、ニコス・カザンザキス（一八八三―一九五七）の小説『キリスト最後のこころみ』や、それをもとにマーティン・スコセッシ（一九四二生）がメガホンをとった『最後の誘惑』（一九八八年）、さらにブロードウェイ・ミュージカルを映画化したノーマン・ジュイソン（一九二六生）の『ジーザス・クライスト・スーパースター』（一九七三年）などが、まったく新しいユダ像を描き出すことになるが、これらについても場を改めて論じる必要があるだろう。

魔術師シモン——ペテロの宿敵

一方、新約聖書にはもうひとり、ユダと同じように悪魔に憑かれた人物が登場する。魔術を操るシモンである。『使徒言行録』によると、この男は、使徒ペテロが人々に聖霊を授けているのを見て、ペテロからその力を金で買い取ろうとした、とされる（8:9–24）。後に聖職売買が「シモニー」（英語）とか「シモニア」（イタリア語）と呼ばれるようになるが、それはこの魔術師シモンの名前に由来する。

さらに、外典の『ペテロ行伝』（二世紀末）では、シモンは悪役として準主役を演じている。主役はもちろん使徒ペテロだが、彼が布教し殉教したとされるローマの地で、「悪魔の使い」とされる魔術師シモンがことあるごとにこのペテロと対立し、挙句にペテロからやり込められるエピソードの数々が語られているのである。これが象徴的なのは、二人の対立が、おそらくヴァティカン勢力と反ヴァティカン側との確執《かくしつ》を反映していると思われるからである。その証拠に、ユダヤ人の魔術師シモンは、以後ずっと、あらゆる異端の元凶《げんきょう》であるとみなされてきたという経緯がある。

なかでも特徴的なのは、魔術の力で天高く飛ぶところを見せようとしたシモンが、ペテロの祈りによって地面にたたき落とされてしまう、というエピソードである（32）。これは明

Ⅳ-5　《魔術師シモンの墜落》
Ⅳ-6　《ユダの首吊り》

らかに、堕天使の話を踏まえたもので、それゆえ魔術師シモン本人が悪魔ルシフェルの手先ともみなされるのである。この墜落の場面もまたしばしば図像化されてきた。そこでは、たいてい落下するシモンに黒い悪魔が取りついている。あるいは、ロマネスクの柱頭《ちゅうとう》の例（一二世紀、オータン、サン・ラザール大聖堂／Ⅳ－5）に見られるように、堕天使さながらにシモン自身が翼をつけているものもある。その隣にはちゃんとルシフェルが控えている。この柱頭は、《ユダの首吊り》（Ⅳ－6）を表わしたものと、ちょうど対をなしている。そこでは、二人の悪魔（堕天使）が、両側から綱を引っ張って、ユダの首吊りの手助けをしている。

ところが他方で、初期キリスト教の時代から、この魔術師シモンは異端とされたグノーシス派の開祖のひとりとも目されていて、もしそうだとすると、その悪魔的なイメージもまた、教会側によってつくられたという性格が強いことになるだろう。

堕天使の「自由意志」その二——ミルトンの場合

さて、ここで話を堕天使の「自由意志」にもういちど戻そう。オリゲネス的な意味での「自由意志」が改めて積極的に再評価されるようになるのは、おそらく、『創世記』を題材にしたジョン・ミルトン（一六〇八－七四）の大叙事詩『失楽園』（一六六七年）まで俟たなければならないだろう。
作中、詩人は神にはっきりとこう宣言させている。

わたしは彼［天使］を
正しく直き業を用いて、堕ちることも自由だが、毅然《きぜん》として立つにたる力に恵まれた者、として造った。いや、かかる者として、すべての天使を、正しく立てる者をも過ちを犯した者をも共に、造っておいた。正しく立てる者も自由に立ち、堕ちた者も自由に堕ちたのだ。（III:99-103）

天使は、神の命令や運命の必然によって堕ちたのではない。みずからの自由な意志によって地上に堕ちたのだ。だから、「彼らに叛逆《はんぎゃく》を命じたのは彼ら自身であって」（III:116）、神ではない。「彼らは自らの判断と自らの選択において罪を犯し、その主体となってゆくのだ」（III:122-123）。
ミルトンはさらに、天使の自由意志と人間のそれとのあいだに一線を引いている。天使は自分の意志で堕ちたのだが、人間（アダムとイヴ）は、その堕ちた天使（悪魔）によって欺かれたがために堕落することになった。それゆえ、人間には恩寵が必要となってくる。「人間は恩寵を見出すことができるが」、天使たちにはその道は断たれている（III:128–132）。あるいは、いいかえるなら、人間においては意志よりも恩寵のほうが先行している（「人間の意志よりも先行する恩寵」［VI:2–3］）、ということだ。ここでミルトンは、オリゲネスの「自由意志」とアウグスティヌスの「恩寵」とを合体させようとしているように思われる。

かくして神は、堕天使たちを撃退すべく、大天使ガブリエルとミカエルを派遣することになる。「確かに、天使が天使と戦う、／しかも激しい白兵戦《はくへいせん》を交える、ということは、奇怪至極なことと／初めはわれわれの眼にも映った」（VI:92–94）。しかしながら、いまや、ミカエル率いる天の軍勢と、サタンに随う叛逆天使たちの戦いは避けられない。

だが、熾烈《しれつ》をきわめたその戦いは、まる二日たっても一向に決着のつきそうな気配がない。というのも、そもそも「流動的な組織をもつその［天使の］霊質は、／あたかも流れ漾《ただよ》う空気と同じように、致命的な傷を受けることはなんらありえないからだ」（VI:347–349）。つまるところ、いかにすさまじいとはいえ、人間のような肉体をもたない天使たちは、綿が綿に、泡が泡にぶつかるように戦っているのだから、勝敗のつくはずはないというわけだ。

さらに、「天使は、あたかも全身これ心臓であり、／頭脳であり、眼であり、耳であり、知性であり、感覚である／かの如《ごと》くに生きており、自由自在、その思うとおりの体軀《たいく》を／自ら具《そな》え、また好むがままに、密であれ疎であれ、いかなる色であれ、いかなる形、大きさであれ、具えることができるのだ」(VI:349-353)。ここでミルトンは、中世以来の天使論の伝統を踏まえながら、その物理的で霊的な特徴をパラフレーズしているかのようである。肉体をもたない頭脳集団、大天使と堕天使の両陣営ともがそんな調子だから、いつまでたっても勝敗を決することはできないだろう。ここにはどこか、現代のSF映画のヴァーチャルな戦闘を予告するところがある。

さて、そんな熾烈な戦いを終息させるために、神は子のキリストを呼んで、次のように告げる。勝敗がつかないのも「当然といえば当然であった」。なぜなら「汝《なんじ》も知っている通り、彼らは共に等しいものとして創造《つく》られているからだ」。「したがって、両軍は果てしなく永久に戦い続け、最後まで決着はつかないであろう」。「このままでは、天に災禍《さいか》が起こるだけでなく、天そのものが荒廃《こうはい》に帰する危険がある」(VI:685-699)。ミルトンによれば、もともと平等な天使は、たとえ堕ちた天使であるとしても、本来そなえているその特性を失うことはない。だから勝負のつくはずもない。それゆえ、ミカエルの軍勢を勝利に導くために、切札のキリストが遣わされるのである。最終的な決着はキリストに委ねられることになるのだ。

ミルトンにおいて、叛逆天使たちは一方的にミカエルの軍勢に打ち負かされることはない。この見方にはまた、詩人が清教徒《せいきょうと》革命(一六四一―四九年)にたいして抱いた共感や、絶対王政への抵抗の精神が反映されているとされる。堕天使は悪魔であるよりもまず、自由と抵抗のシンボルともなりうる潜在性を秘めているのだ。それというのも、詩人によれば、「心というものは、それ自身／一つの独自の世界なのだ、——地獄を天国に変え、天国を地獄に／変えうるものなのだ」（I:253-255）からである。

ここにはおそらく、近代における新しい堕天使もしくは叛逆天使のイメージの萌芽《ほうが》が見られる。「堕ちる」とは、道徳や倫理にもとると解されるのではなくて、権威に「叛逆する」ことだと読み替えられるのである。それはまた、堕天使が呪われた悲劇のヒーローへと変貌《へんぼう》を遂げることでもあり、バイロン（一七八八—一八二四）やシャトーブリアン（一七六八—一八四八）など、革命期を生きた少なからぬ文学者たちがそうしたイメージに共感を示すことになるだろう（マリオ・プラーツ）。だが、さらにさかのぼるならそれは、古くはオリゲネスによって先鞭《せんべん》がつけられ、ロットの絵のなかに兆していたものでもある。

よみがえる堕天使たち

こうしたミルトンの世界を見事に絵画化してみせるのは、ウィリアム・ブレイク（一七五七—一八二七）とハインリヒ・フュースリ（一七四一—一八二五）である。

Ⅳ－7　ブレイク《叛逆天使たちを目覚めさせるサタン》

Ⅳ－8　ブレイク《原初の栄光のなかのサタン》

たとえば、ブレイクの《叛逆天使たちを目覚めさせるサタン》（一八〇八年、ロンドン、ヴィクトリア・アンド・アルバート博物館／Ⅳ－7）では、中央に屹立《きつりつ》するたくましくも美しいサタンが、まるで最後の審判のキリストさながらに（ミケランジェロのシスティーナ礼拝堂のそれを連想させないではない）、多くの叛逆天使たちに呼びかけている。「眼を覚ますのだ！　起き上がるのだ！　さもなくば、永遠に堕ちているがよい！」。そのなかには、たしかにまだ鎖《くさり》につながれたままの者や、まどろんでいるように見える者たちがいる。

　同じブレイクの《原初の栄光のなかのサタン》（一八〇五年、ロンドン、テート・ギャラリー／Ⅳ－8）では、いまだ堕ちる前の天使の姿が、想像的に再現されている。堂々として威厳と優雅さにあふれたその姿は、まるで熾天使セラフィムのように何枚もの燃える翼をそなえ、さらに、王冠をかぶり、王権の象徴である十字架のついた宝珠と笏《しゃく》を両手にもっている。その周りには無数の小天使たちが飛び交い、星々を脚下《きゃっか》に従えている。

このモデルは、旧約聖書『エゼキエル書』に登場する「ティルスの王」にあるとされる。それによると、「お前［ティルスの王］の心は美しさのゆえに高慢となり、栄華のゆえに知恵を堕落させた。わたし［神］はお前を地の上に投げ落とし、王たちの前で見せ物とした」(28:17)、とされる。それゆえ、この「ティルスの王」は古くから、堕ちた天使としても解釈されてきた。聖書に精通したブレイクがそのことを知らなかったはずはないだろう。堕天使はもともと、どの天使よりも栄光に満ち美しくあった、というわけだ。これはマグダラのマリアがもともと絶世の美女で、それゆえに罪に染まったとみなされたのと、どこか似ているところがある。

一方、フュースリもまたミルトンに心酔《しんすい》し、「ミルトン・ギャラリー」なるものを計画して、そのために四〇点の絵画と一〇〇点以上のデッサンを残している。そのデッサンのひとつ《混沌《こんとん》から飛び立つサタン》(一七九九年、ストックホルム、国立美術館)は、混沌の底から抵抗してくる四大元素の衝撃をはねのけ、「必死に進路を求めて飛翔しつづけた」サタンを、すばやいタッチとダイナミックな運動表現によって描写している。『失楽園』によると、サタンは「新しく漲《みなぎ》ってくる生気と力とを感じつつ、／上方の茫々漠々《ぼうぼうばくばく》たる虚空《こくう》に向かい、／焔《ほのお》をあげて燃えるピラミッドと／いった恰好《かっこう》で飛び立っていった」(II:1012-16)。画家はここで、物語の中身というよりも、抵抗するエネルギーそのものをイメージに置き換えようと

Ⅳ-9　フュースリ《イシューリエルの槍でつつかれて飛び立つサタン》

Ⅳ-10　フュースリ《ベルゼブルへのサタンの呼びかけ》

しているかのようだ。

同じことは、《イシューリエルの槍《やり》でつつかれて飛び立つサタン》（一七九九年、ロンドン、大英博物館／Ⅳ－9）についても当てはまる。眠るイヴに取りついて幻想や妄想を吹き込もうとするサタンにたいして、大天使ガブリエルによって遣わされたイシューリエルとゼポンという二人の天使が、これを食い止めようと、槍でサタンをつつく。するとサタンは「一瞬のうちに飛び上がり正体を現わした」。サタンを目の前にして、「二人の凜々《りり》しい天使も、／啞然《あぜん》として驚き、たじろぎ、数歩後へ退いた」（IV:786-821）。ここでも、どちらかというとサタンの躍動するエネルギーそのものが絵の中心テーマになっているのだ。

ミルトンの『失楽園』には、旧約聖書で「悪魔の頭」と呼ばれていたベルゼブルも登場し、演説に長《た》けているため、サタンの右腕として活躍する。それによると、「たとえ身は／破滅という悲境に陥ったとはいえ、威厳にみちたその顔には、／まさに王者にふさわしい英知の輝きがまだ鮮やかに残っていた」（II:302-304）、という。フュースリの描く《ベルゼブルへのサタンの呼びかけ》（一八〇二年、ロサンゼルス、ポール・ゲティ美術館／Ⅳ－10）もまた、威厳にみちて立ち上がるベルゼブルの姿を捉えている。

こうして、近代のとば口にあって、とりわけ文学と美術において、堕天使は新たな姿でよみがえってくる。それは、自由と抵抗、そして本能的なものの解放と創造的エネルギーのシンボルともなるのである。

第Ⅴ章　天使は死なない

――天使と近代人

「神は死んだ」、一九世紀の末にかの哲学者ニーチェが発した名高い言葉である。だが、天使は死なない、近代になっても。それどころか、宗教という枠組みを超えて、芸術や文学のなかで天使は生きつづける。それはあたかも、神がいなくなって、神に奉仕する必要がなくなったことで、いっそう自由に翼を羽ばたかせているかのごとくである。

なぜだろうか。思うに天使——堕天使も含めて——は、人間の自由な想像力と深くかかわっているからであり、「想像界（ムンドゥス・イマギナリス）」（アンリ・コルバン）の住人たちだからである。教義や説教の抹香臭《まっこうくさ》いしがらみから解放されるや、天使は、ますます変幻自在にその翼をはためかせることになる。

とはいえもちろん、わたしたちがここまで見てきたような天使のイメージがきれいに一掃されてしまう、というわけではない。意識するとしないにかかわらず、過去の天使たちの記憶を引きずりながら生きつづけているのだ。この最後の章では、そうした近現代の天使たちに順不同で登場願うことにしよう。文学と美術と映画がその主要な舞台となる。

現代の堕天使——ヴェンダースの天使

ヴィム・ヴェンダース（一九四五生）の映画『ベルリン・天使の詩』（一九八七年）（V－1）を記憶している読者は少なくないだろう。壁崩壊前夜のベルリンの歴史をずっと見守りつづけてきたひとりの天使ダミエルが、美しいサーカスの女マリオンに恋してしまったために、天使であることを捨てて、地上に降りてくるという話である。

V－1　ヴェンダース『ベルリン・天使の詩』

勘のいい読者ならすでにお察しのように、これは『創世記』（6:1-4）に起源をもち、外典の『エノク書』において詳述された「堕天使」の現代版ともいえるものである。このことは、「ベルリンの空」というドイツ語の原題よりも、「欲望の翼」という英語のタイトルのほうにむしろ反映されている。

だが、そこにはもはや、かつてキリスト教美術を彩ってきた悪や堕落の権化としてのイメージは希薄である。見守りの「霊（ガイスト）」として永遠のなかに生きることの意義を認めつつも、「今」を生きる死すべき人間へのあこがれを隠し切れないでいるダミエルに向かって、仲間の天使カシエルが口をはさむ。「悪にいかれたりしてな」、と。にもかかわらず、ダミエルはみずからの意志で「堕ちる」ことを選択する。その古いモデルは、ミルトンの『失楽園』のルシフェルに求めることができるかもしれない。あるいはヘーゲル的な見方をするなら、天使ダミエルは、「自己意識」に目覚めたがゆえに、自己の欲望と他者（マリオン）のそれとの駆け引き――愛のゲーム――のなかに、あえてみずからを投げ入れたともいえるだろう。とはいえこのダミエルは、もはやロマン主義者たちが夢見たような英雄的な堕天使なのでもない。なぜなら、メランコリーがそこに深い影を落としているからだ。

みずからの欲望を仲間の天使に打ち明けた直後、サーカスではじめてマリオンを目にしたダミエルは、彼女の楽屋《がくや》になっている狭いトレーラーまで後をつけていく。もちろん彼女には彼の姿は見えないのだが、彼には彼女の心の声まで聞こえている。孤独な彼女もまた愛を求めているのだ。あるいは、ことによるとマリオンは、ダミエルから「霊」を吹き込まれたのかもしれない。天使は人間に手を下すことはできないが（事実、ダミエルが彼女の裸の肩にそっと手を触れても、彼女は気づかないままでいる）、鼓舞したり、インスピレーションを与えたりすることはできる。それこそ古来より、「スピリトゥス（精気）」の果たす役目だった。「愛したい」、彼女が二度目にそうつぶやいた瞬間、画面はそれまでの白黒から一転してカラーへと変わる。色のない天使の視界から、人間の視点に一瞬だけ移るのである。

たしかに、マリオンは見えない霊に取りつかれて動かされている。映画の後半、ロック演奏のライヴハウスで踊っている彼女は、身体のなかの魂にやさしい手が触れたのを第六感で察知している。事実、そのときダミエルは彼女の手にそっと触れていたのだ。それにつづくシークエンスでは、ダミエルは彼女の夢のなかにあらわれる。このときはじめて彼女は、守護天使の甲冑を身に着けたダミエルと眼差《まなざ》しを交わし合うのである。サーカスが解散して、他の団員たちが去った後もベルリンにとどまる彼女は、予感が的中して運命的な出会いが訪れることを求めている。それゆえ、天使ダミエルにもはや迷いはない。永遠の生と天上の栄光を捨てることにたいして。

地上にダミエルが落ちてきたとき、天上での必需品だったとおぼしき甲冑がいっしょに落とされるのだが、それは、過去の無数の絵画のなかで守護天使のミカエルが身につけていたものを連想させる。ダミエルはそれを古道具屋に売って、派手な多色の格子柄《こうしがら》のジャンパーに嬉々として着替える。色のない世界を生きていた天使には、鮮やかな原色が見えることもまた大きな喜びなのだ。落ちたときに頭にできた傷の血の赤い色にすら、痛みを忘れて歓喜しているほど。また、落下地点に立つ長い壁の一面には、人間とも動物ともつかないような空想の生き物が無数に落書きされているのだが、それらはパウル・クレー（一八七九―一九四〇）が晩年に好んで描いた天使――これについては後述しよう――をどこか髣髴《ほうふつ》させるところがある。

この地上には、実は堕ちて人間になった天使たちがけっこうたくさんいる（この発想は実に面白い）。そのひとり、刑事コロンボ役でおなじみの俳優ピーター・フォーク――実名で登場していて、三〇年前にニューヨークに降りた天使という設定――が語るせりふである。わたしたち人間は、天使に見守られているばかりではない。なかには、かつて天使であったという隠れた経歴をもつ者もいるのだ（ことによると、わたしたちのごく身近にも）。

V-2 「歴史」のエンブレム（リーパ『イコノロギア』より）

映画の冒頭、天使の目線でカメラが上空から降下してきて、ベルリンの町のあちらこちらを移動するなか、図書館に立ち寄るシークエンスがある。そこには、天使とおぼしき男女がたくさんいて、机に向かう利用者たちの傍らに寄り添って、カメラ――天使の目――に向かって笑みを投げかける。もちろん、彼らの存在に利用者たちが気づいている様子はない。天使たちは太古から記憶の証言者であった。とするなら、この図書館のシーンは象徴的である。エンブレム本として名高いチェーザレ・リーパ（一五五五／六〇―一六二二）の『イコノロギア』には「歴史（イストリア）」という項目があるのだが、その図像（V-2）は、大鎌《おおがま》をもつ異教の時の神サトゥルヌスの肩に冊子《さっし》をのせて、後ろを振り返りつつ何かを書いている天使によって表わされている。天使は、歴史や記憶とも密接につながってきたのである。

もうひとつ、映画の中盤の印象的なシーンでは、生きることに疲れ果てた若者が高いビルの屋上から自殺をはかろうとしている。憐《あわ》れみを感じたカシエルはそっと近づいていって、その青年にしっかりと寄り添う。だが、それもむなしく若者は飛び降りてしまう。その瞬間、カシエルは思わず慟哭《どうこく》の叫び声を発する。もとより身体を引き止めることはできなかったとしても、若者の心を動かして、自殺を思い止まらせることはできたかもしれないからだ。

この映画は、「自由意志」を働かせて地上に降りてきた天使のことだけを物語っているのではない。カシエルに象徴されるように、わたしたちのことをずっと見守っている天使たちがいてくれること、天使は歴史の証言者でもあること、それもまたこの映画の重要なメッセージである。

最後にダミエルは書き綴る。自分はいかなる天使も知らないことを知っている、と。だが、これが映画のラストではない。画面はもういちど白黒に戻って、天から人々の声に耳を傾けるカシエルを映しだす。ダミエルとカシエル、二人の対照的な天使――「自由意志」の天使と守護天使――を、わたしたちは必要としているのである。

メランコリーの天使

ところで、前の章の最後でも見てきたように、「堕天使」のイメージは、自由と解放、非服従と反権威の象徴として、とりわけロマン主義の芸術が好んで取り上げてきたテーマのひとつである。そこには、新しい時代のヒーロー、あるいはむしろアンチヒーローの理想が投影されている。

一九世紀以降の芸術もまた、この遺産を受け継いではいるが、英雄的というよりも、どちらかというとメランコリックな雰囲気が濃くなってくる。『ベルリン・天使の詩』の冒頭、高い鐘楼《しょうろう》の天辺《てっぺん》から地上を見下ろすダミエルの姿は、たとえば、ギュスターヴ・モロー（一八二六—一九八）の印象的な水彩画、《旅人としての天使》（一八八五年、パリ、モロー美術館／口絵10）を想起させないではいない（とはいえ、もちろんわたしは、ヴェンダースがモロー作品から影響を受けたといいたいわけではない）。

この絵のなかで天使は、高く聳《そび》え立つゴシック教会堂——パリのノートルダム大聖堂であろうか——の正面の張り出し部分に腰をかけて、どこか憔悴《しょうすい》したようなメランコリックな眼差しで地上を見下ろしている。疲れた翼をしばし休めているのだろうか。それにしても、彼はいったい何を望んでいるのだろうか。映画の天使とは違って、人間の女に恋しているようには見えないし、それゆえ、大聖堂から飛び降りて人間になろうとしているようにも見えない。おそらくむしろ、このままずっと果てしのない旅をつづけながら、人間の運命を見守っていくのだろう。

この象徴主義の画家が、異教の神話ばかりか天使のイメージにも憑かれていたことは、天使を主題にした数々の作品が証言している。画家に特有の豊かな色彩と繊細な線で描かれたそれらの幾つかは、天使に関してそれまでにはなかった独特の解釈を示している。たとえば、《ヤコブと天使》（一八七八年頃、ケンブリッジ、フォッグ美術館／Ⅴ-3）。『創世記』（32:25-29）によると、ヤコブは天使を打ち負かして、そのおかげで「神に勝つ者」という意味の「イスラエル」という名誉ある名を授かったとされ、図像的にも古くからヤコブが懸命に天使に挑む取っ組み合いとして表現されてきた。モローが影響を受けた先輩画家ドラクロワ（一七九八―一八六三）の大作（一

Ⅴ-3　モロー《ヤコブと天使》

八六一年、パリ、サン・シュルピス聖堂）もまた例外ではない。

ところが、モロー作品では、落ち着き払って威厳にあふれる輝かしい天使――妖艶《ようえん》な女性のよう――が、ヤコブの右腕に手を当てていて、その動きを一瞬で凍りつかせているかのように見える。ヤコブはあたかも見えない敵にやみくもに立ち向かっているかのようで、これではとても彼に勝ち目はありそうにない。天使に宿る超人的な力を前に、ヤコブにはもはやなす術もない。こうしてモローは、『創世記』の記述と図像の伝統のどちらにも縛られない自由な天使を描いたのである。

V-4　モロー《霊感》

《パルカと死の天使》（一八九〇年頃、パリ、モロー美術館／口絵11）では、運命をつかさどる女神パルカに導かれるようにして、黒馬に乗って前進する赤い翼の「死の天使」が、表現主義的な激しいタッチで描かれている。ここでは、不気味な天使のイメージのうちに、異なる三つの要素——異教の死神アントロポロス（三姉妹パルカのひとり）、『黙示録』の「死」の騎士（6:8）、そしてラ・マンチャの騎士ドン・キホーテの記憶——がひとつに溶け合っている。画面下に沈もうとしている明るい夕日よりも上方、天使の頭上で鈍く輝いているのは、おそらく宵の明星——ルシフェルにして堕天使——であろう。「死」の天使はルシフェルを従えているが、それでも光輪を失ってはいない。

《声》（一八六七年、マドリード、ティッセン＝ボルネミッサ美術館）や《霊感》（一八九三年頃、シカゴ、アート・インスティテュート／V－4）では、どちらも赤い翼をもつ天使にして詩神ムーサでもあるような人物が描かれている。異教の神殿を背景にした前者はムーサで、光輪をもつ後者は天使だと思われるが、どちらも詩人や芸術家にインスピレーションを与えてくれるという点で共通性をもっている。ここでも、キリスト教と異教は対立してはいない。とはいえ、彼らが霊感を吹き込むのは、もはや希望の詩ではなくて、呪われた詩である。

他にも例を挙げることはできるが、これくらいにしておこう。モローはこのように、伝統的な天使像を踏まえつつ、それをさまざまなイメージに変容してみせる。そこでは、キリスト教的なものと異教的なものとが不思議な融合を遂げているのである。

さまよう天使

一九世紀末の象徴主義の画家たちはまた、好んで「堕天使」のテーマを取り上げている。そのひとりに、フランスの画家オディロン・ルドン（一八四〇―一九一六）がいる。たとえば、三つの油彩作品、《堕ちた天使》（一八七五年頃、ボルドー、美術館／V-5）、《鎖につながれた天使》（一八七五年頃、個人蔵／V-6）、《雲を見つめる堕天使》（一八七五年頃、アムステルダム、国立美術館／V-7）に共通しているのは、もはや彼らが悪玉の化身たることを返上している点である。大きな翼は、地上ではむしろ歩くのに邪魔になるほど。しかも向かう当てがあるわけでもない。彼らは、迷いさまよう近代の芸術家の化身であり、呪われた詩人というボードレール的なテーマとも共鳴している。《鎖につながれた天使》は、その胸から女性のように見えるが、ロダン（一八四〇―一九一七）の《考える人》にもつながるメランコリックな身振りと表情をしている。

一方、同じくルドンの《イカロス》（一八九〇年頃、ポーラ美術館）は、天高く飛びすぎたために、翼を身体に固定していた蠟《ろう》が太陽の熱で溶けて地上に落下してしまった、ギリシア神話の登場人物だが、その姿は堕ちた天使のイメージと重なり合っている。ルドンにとって、挫折《ざせつ》の運命を背負っている人間こそが、ある意味で「堕ちた天使」や「イカロス」にほかならない。誰もが挫折から逃れることはできない。たしかに、映画『ベルリン・天使の詩』のせりふがいうように、わたしたちの周りには、ダミエルの仲間たちが案外たくさんいるのだ。

彫刻家ロダンもまた、ちょうど有名な《地獄の門》を制作していた頃、「堕ちる天使」と「落ちるイカロス」の両方のテーマに取りつかれていて、石膏《せっこう》像やデッサンまで含めると作品は相当な数に上る。そのひとつ大理石の《天使たちの墜落》（一八九五年頃、パリ、ロダン美術館）では、もはや二つの人体を識別するのが困難なほどまでに、たがいに絡み合いつつ石膏の塊のなかへと埋没していく。挑戦がない限りまた墜落もない。天使の墜落とは、つまるところ、新たなことに挑もうとする人間の宿命のことでもある。

Ⅴ-5　ルドン《堕ちた天使》
Ⅴ-6　ルドン《鎖につながれた天使》

特定の流派には属さないが、

V-7　ルドン《雲を見つめる堕天使》
V-8　アンソール《叛逆天使の墜落》

象徴主義を取り入れつつ、表現主義にもつながるような独自の作風で知られるジェームズ・アンソール（一八六〇―一九四九）にも《叛逆天使の墜落》（一八八九年、アントワープ、王立美術館／V-8）という作品がある。同じベルギーのルネサンスの巨匠ピーテル・ブリューゲル（一五二五／三〇―六九）の同名の大作（一五六二年、ブリュッセル、王立美術館）にインスピレーションを得たこの絵は、天と地を背景に、赤を基調にした色彩と激しいタッチで幾重《いくえ》にも渦を巻くように、天使たちのすさまじい抗争を描きだすが、もはや形の判別はほとんどつかない。それはあたかも二〇世紀の抽象絵画すら先取りしているかのようである。ちなみに、抽象絵画の創始者のひとり、カンディンスキー（一八六六―一九四四）も、抽象表現への挑戦のとば口にいた一九一一年に、黙示録的な天使のテーマ――《全聖人》のシリーズや《大天使ガブリエル》――を描いている。絵画が音楽のような抽象性に近づくことを熱望していたこの画家は、宇宙の音色を奏でるとされてきた天使のモチーフにその望みを託したのだろう。

芸術崇拝の天使

ところで、時計の針をもう少し前、一九世紀の初めに戻すなら、天使はその翼にもっと多くの希望を載せていた。とりわけ、ドイツのロマン主義の芸術がそうである。ナザレ派の画家フィリップ・オットー・ルンゲ（一七七七―一八一〇）の手になる《一日の時》のエッチング四部作――《朝》（Ｖ-９）、《昼》、《夕》、《夜》（第一版一八〇五年、第二版一八〇七年）――には、ラファエッロの天使＝プットーを模範にしたイメージがあふれている。そこでは、かつてルネサンスの美術をにぎわせていた、異教のプットーやスピリテッリたちとキリスト教の天使たちとが、もういちどよみがえってくる。

こうして、天使＝プットーによって仲立ちされていた、宇宙の運行リズムと人間の生活リズムとの合一《ごういつ》がふたたび希求されるのである。とはいえそれは、信仰のよみがえりというよ

V-9　ルンゲ《朝》

りも、「自我の想像力による精霊界の復活と時代の若返り」（フリートマル・アーペル）であると解するべきである。だから、もはや神やキリストの姿は必要とされない。天使たちは、伝統の図像がそうであったのとは違って、神やキリストを祝福しているのではない。はばたく芸術家の霊感の翼、それが天使の正体となる。

同じくナザレ派の画家フェルディナンド・オリヴィエ（一七八五—一八四一）のリトグラフ《新しいドイツの芸術系統樹《けいとうじゅ》》（一八二三年、ロンドン、大英博物館／V-10）においても、いまや世俗化されて芸術崇拝の担い手となった天使がきわめて重要な役割を演じている。その天使とは、大天使ミカエルとガブリエルで、画面中央の太い幹の左右にそれぞれ配されている。幹の下には、『ヨハネによる福音書』からとられたイエスの言葉、「私は復活であり、命である」（11:25）が刻まれている。その上方には、デューラーの版画に基づくイエスの復活を示すパネルが掲げられている。だ

V-10　フェルディナンド・オリヴィエ《新しいドイツの芸術系統樹》

が、これらは文字どおり神の子の復活を示すというよりも、デューラーに代表されるドイツ芸術の黄金時代の復活を象徴するものである。左右に広がる枝にかけられた何枚もの板に記されているのは、作者のオリヴィエとほぼ同時代のドイツの画家や彫刻家や建築家たちの名前である。画面の両端には、絵画と彫刻と建築と詩を表わす四体の擬人像が控えている。

このリトグラフは、もともと宗教的図像の伝統に基づいているのだが、それが世俗化して換骨奪胎《かんこつだったい》され、かつてのキリスト教信仰に芸術崇拝が取って代わる。天使が祝福しているのは、もはや神やキリストではなくて、芸術家（の共同体）なのである。その図像は、イエスの家系をダヴィデ王の父親エッサイにまでさかのぼる系統樹で示した「エッサイの樹」と呼ばれるものに依拠している。さらに、タルムードの天使学も踏まえられていて、それによると、楽園のセフィロト（生命の樹）の幹の両側に大天使ミカエルとガブリエルが位置しているとされる。こうした宗教的な図像を新たに応用することで、この作品は、芸術こそがいまや宗教の位置を占めるにいたったことを高らかに宣言しているのだ。そのために天使が呼び出されていることを見逃さないようにしよう。神は死んだとしても、天使はなおも必要とされているのである。

水晶球の天使

イギリスのラファエル前派においても天使は欠かすことができない。それどころか、その理論的支柱のひとりで、アーツ・アンド・クラフツ運動の提唱者でもあったウィリアム・モリス（一八三四―九六）が設立したデザイン会社モリス商会等の活動によって、天使のモチーフは、絵画や彫刻のみならず、ステンドグラス、タペストリー、家具、陶磁器、挿絵などさまざまな媒体に広まり、厳かな宗教の場のみならず、身近な生活空間にも跋扈するようになる。

なかでもエドワード・バーン＝ジョーンズ（一八三三―九八）はその代表で、天使を主題にした数々の作品を残している。ここでは、わたしたちの文脈において興味深いものだけに限定するとしても、たとえば《愛》（一八八〇年頃、ロンドン、ヴィクトリア・アンド・アルバート博物館／Ⅴ-11）には、燃えるような深紅の六つの翼をもつ巨大なセラフィムが描かれている。この天使はまた大きな弓を手にしていて、愛神アモルのイメージもそこに重ねられていることがわかる。くわえて、その翼で多くの子どもたちを庇護《ひご》する彼は、いわゆる守護天使でもあるが、同時に、かつて聖母マリアがそのマントで信者たちを守っていた「慈悲の聖母」の図像にも準じている。つまり、異教とキリスト教のいくつもの図像の伝統が、この近代の天使のなかで折衷《せっちゅう》的に合体しているのである。

一方、同じくバーン＝ジョーンズの《天地創造の日々》の六枚の連作（一八七二―七六年、ケンブリッジ、フォッグ美術館／Ⅴ-12）は、もともとモリス商会のために構想されたもので、実際にいくつかの教会堂のステンドグラスで採用されるとともに、セラミックのタイルのためのデザインにも使われて広まった。この連作では、それぞれ天使たちが大きな水晶球を差し出していて、神による六日間の天地創造の光景がそのなかに映し出される様子が、繊細なタッチと微妙な抑揚によって表現されている。

これらの場面は、伝統的なキリスト教美術の図像がそうであるような、神による天地創造そのものを再現したというよりも、不死の天使の記憶のうちにのみ大切に保管されてきた太

V-12　バーン＝ジョーンズ《天地創造の日々》

V-11　バーン＝ジョーンズ《愛》

古の宇宙開闢《かいびゃく》のイメージを、まるで球体状のスクリーンに映し出すかのようにして鑑賞者に披露する、といった趣向をとっているように思われる。

ここで想起されるのは、イギリスにはかつて、水晶球を通じて天使と交流しようとしたルネサンスの数学者にして錬金術師、ジョン・ディーのような異色の人物がいたということである（第I章を参照）。バーン＝ジョーンズが、このジョン・ディーのことをどこまで意識していたかどうかは、今となってはわからない。とはいえ、近未来や近過去のことは人間の占い師の水晶球のなかにも映るかもしれないが、蒼穹《そうきゅう》の過去の時間の記憶をまざまざとよみがえらせることができるのは、ただ天使の水晶球だけなのだ。

V-13　フレデリック・ワッツ《すべてに浸透》

同じくラファエル前派の画家、ジョージ・フレデリック・ワッツ（一八一七―一九〇四）の謎めいた作品《すべてに浸透》（一八八七―九〇年、コンプトン、ワッツ・ギャラリー／V-13）にも、大きな水晶球を膝にのせた有翼の天使が登場する。まるで

V-14　ジェームズ・ティソ《ゲッセマネの祈り》

古代の巫女シビュラを思わせるようなこの天使は、大きな翼を閉じて、そのなかにすっぽりと自分の身体を包み込み、瞼《まぶた》を閉じて心の目でじっと水晶球を見つめている。そこに何が映っているのか定かではないが、この天使の水晶球は、悲喜《ひき》こもごもの人間の歴史のすべてを記憶しているように思われる。

天使と水晶球、両者の結びつきは、フランスの画家ジェームズ・ティソ（一八三六―一九〇二）の作品にもあらわれている。後年の連作《主イエス・キリストの生涯》（一八八六―九四年、ニューヨーク、ブルックリン美術館）の一枚《ゲッセマネの祈り》（V－14）が、それである。この主題も伝統的なもので、それによると死を覚悟したイエスが苦悶《くもん》のなか最後の祈りを捧げていると、天使があらわれてそのイエスを力づけるというものだが、ティソの作品では、水晶球を手にした何人もの半透明の天使たちが、来るべきイエスの受難の数々をその球のなかに予告的に映してみせる場面として描かれている。これは、それまでになかった着想で、ティソの独創であろう。天使が水晶球と結びついてきたことを、この画家は知っていたのであろうか。

写真のなかの天使たち

ラファエル前派の画家たち、とりわけワッツとも交流があり、天使を写真という新しいメディアで表現したのは、女流写真家の草分けジュリア・マーガレット・キャメロン（一八一五―七九）である。彼女が写真に目覚めたのは四八歳の頃、その後一〇年あまりにわたって、特に肖像写真に才能を発揮することになるが、翼をつけた少女たちをモデルに天使の写真を何枚か残している。その背景にはもちろん、ラファエル前派の甘美な天使のイメージがある。ワッツとのあいだには、それぞれが相手を撮影した肖像写真が伝わっている。

一方、天使の写真のなかには《翼をもがれた天使》（一八七三年、ワシントン、ナショナル・ギャラリー／V-15）のように全身像のものや、あるいは《わたしは待つ》（一八七二年、ロサンゼルス、ポール・ゲティ美術館／V-16）のように上半身のみのものがあるが、いずれも周辺部がぼかされているのが彼女の写真の特徴で、それは、本人が「まぐれ当たり」と呼んでいた効果でもある（ピクトリアリズム写真の巨匠アルフレッド・スティーグリッツ［一八六四一九四六〕が高く評価したといわれる）。薄暗い室内のなかで片側からだけ光を当て、長時間の露出によって生みだされる、曖昧模糊《あいまいもこ》としたこのぼかしの効果は、雲が凝縮して天使ができるという古くからの言い伝えを、それと意図せずして表現しているかのようでもある。後者には明らかにラファエッロの《システィーナの聖母》のプットー＝天使からの影響を見てとることができるだろう。

彼女の写真はまた、天使のイメージそのものというよりも、天使に扮装《ふんそう》したいたいけな少

V-15　キャメロン《翼をもがれた天使》
V-16　キャメロン《わたしは待つ》

女の肖像のようにも見える。つまり、天使という主題とモデルの肖像とのあいだの曖昧な境界線の上を漂っている。これもまたキャメロンの写真の特徴のひとつで、聖母子をテーマにした写真でも同じようなことが起こっている。絵画でいうところのいわゆる「偽装肖像画」――神話や聖書の登場人物に扮装してポーズをとったもの――に対応するものである。親であれば誰もがわが子を天使と思うに違いない。彼女の写真はそんな親心に訴えるものでもある。

とはいえ、天使のモデルたちはたいてい長い髪を乱すようにしていて、そこにはそこはかとないエロティシズムが漂う。彼女の友人で作家にして写真家でもあった有名なルイス・キャロル（一八三二―九八）には、小児性愛の癖があったという説があるが、キャメロンがどうだったかわたしは知らない。性的タブーが強かったとされるヴィクトリア朝の当時、貞《てい》淑《しゅく》な理想の女性像は「家庭の天使」と呼ばれていたが、いずれにしても、キャメロンの写真の天使は、必ずしもその理想を写したものではなかったと考えられる。

詩人たちの天使

画家ばかりではない。近代の文学者たちにとってもまた天使は、想像力の翼を羽ばたかせ

V-17　ダ・ヴィンチ《受肉の天使》

るのに恰好の題材である。

あろうことかプーシキン（一七九九―一八三七）は、「天使ガブリエルの歌」のなかで、この名高い大天使を、処女マリアに祝福を与える者から一転して、彼女を誘惑する者へと大変貌させる。その天使は、「一方の手には彼女のための花をたずさえ／もう一つの手は亜麻の布地をもみしだき、／せわしげに衣の下にしのび行く。／そして軽やかに指先はたわむれつつ／愛らしき秘密に触れる」（川端香男里《かわばたかおり》訳）。こうして神の子を宿すマリアは、大天使も悪魔も神も受け入れて「手に入れた」ことになる。

ちなみにこれは余談で異説もあるが、レオナルド・ダ・ヴィンチはかつて、勃起《ぼっき》したペニスをもつ受胎告知とおぼしき天使を描いている（一五一〇年代初め、個人蔵／V-17）。この特異で冒瀆《ぼうとく》的ですらあるデッサンについては、無神論的な画家の同性愛癖と結びつける解釈が有力だが、それは別にしても、このほぼ正面観の天使のまなざしの先にあるのは、当然ながら架空の聖母マリアとみることもできる。とするなら、プーシキンよりもさらに過激に、その下半身はマリアに向けられていると読むことも可能のように思われるが、これはわたしの妄想かもしれない。

一方、エドガー・アラン・ポー（一八〇九―四九）にとって天使は不条理の担い手である（「不条理の天使」）。ポーはまた、音楽をつかさどるイスラームの大天使イズラフェルに格別の共感を示し、一編の詩を捧げる（「イズラフェル」）。バルザック（一七九九―一八五〇）は、神秘主義思想家スウェーデンボルグ（一六八八―一七七二）に霊感を得て、『セラフィタ』においてて天使を至高の存在たる両性具有として描きだす。ステファヌ・マラルメ（一八四二―九八）の天使は、ダンテにとっての天使がそうであったように、詩神ムーサの役を演じる愛する女性でもあって、詩人に霊感を吹き込んで言葉を紡《つむ》がせる（「あらわれ」）。

それにたいしてシャルル・ボードレール（一八二一―六七）は、「サタンへの連禱《れんとう》」を堂々と歌い上げる。神に向けられる本来の連禱、「主よ、憐れみたまえ」を大胆にも転倒させて、「おおサタンよ、わが長き悲惨を憐れみ給え」（安藤元雄《あんどうもとお》訳）、と繰り返すのだ。ウィリアム・バトラー・イェイツ（一八六五―一九三九）にとって、天使のイメージはまたケルトの土着《どちゃく》の妖精《ようせい》たちとも重なり合うようだ（「超自然のうた」や「アシーンの放浪 巻三」など）。ポール・ヴァレリー（一八七一―一九四五）の天使は、まるでギリシアのナルキッソスのように、泉のほとりで水面の鏡にみずからを映し出して瞑想を重ねる（「天使」）。かつて天使は「天の鏡」（トマス・アクィナス）になぞらえられることもあったから、ヴァレリーの比喩には普遍性がある。

ロートレアモン（一八四六―七〇）の天使はさらに屈折している。『マルドロールの歌』の第二歌、聖堂のランプが突然に天使の様相をとって語り手「マルドロール」の前に現われる。「彼はランプの形を認める。天使の形も認める。だが、頭の中で両者を分割することができない」（石井洋二郎《いしいようじろう》訳）。「寝ずの番」をしてくれる天使＝ランプにたいして彼は、「〈主〉の使者なのだと思うと、憤怒《ふんぬ》を抑えることができないで」、その首を絞めて冒瀆のかぎりを尽くす。すなわち、「唾液《だえき》で湿った舌を、哀願するようなまなざしを投げかけるこの天使の清らかな頰《ほお》にもっていく。そしてしばらくのあいだ、この頰の上に舌を這《は》い回らせる」。すると、天使の顔から「腐敗した瘴気《しょうき》」が発散しはじめ、不潔きわまりない「壊疽」がその全身へと広がっていく。マルドロールはその様子を、さかしまな悦びと恐怖の入り混じった複雑なまなざしで眺めている。

彼は自分のしたことの意味を十分に承知している。天使と彼はおたがいに見つめ合っていて、天使のほうは「善の平穏な高みへと上昇」していくのにたいして、自分は反対に「悪のめくるめく深淵へと下降していく」のを感じている。瀆聖《とくせい》という行為のもつ倒錯《とうさく》した二面性を、主人公は体現しているのだ。天使を傷《いた》めつつも、それとは裏腹に、その天使に見放されたくはないという思い。彼は天使のまなざしのうちに、人間の過去と未来のすべてが凝縮しているのを悟る。いわく、「なんという視線！　六〇世紀もの昔から人類が考えてきたすべて、そしてこれからの諸世紀に人類が考えるであろうすべてが、そこに容易に含まれうるであろう」、と。ここで天使の眼球は、先述したような天使の水晶球のイメージとつながっているのだ。

ライナー・マリア・リルケ（一八七五―一九二六）の天使もまた、別の意味で屈折している。難解をもって知られるその『ドゥイノの悲歌』について、詳論できる力も余裕もわたしにはないが、少なくともここに登場する天使に関しては若干のコメントをしておきたい。

全一〇歌からなるこの長編詩の「第一の悲歌」の冒頭から、いきなりこう切り出される。「ああ、いかにわたしが叫んだとて、いかなる天使が／はるかの高みからそれを聞こうぞ？」（手塚富雄《てづかとみお》訳）。さらに畳み掛けるように、「すべての天使はおそろしい」「天使をたのむことはできない」、とつづく。「第二の悲歌」の書き出しもまた「すべての天使は怖《おそ》ろしい」とくる。「天使と人とがしたしく交わったあのトビアスの時代はどこへ去ったのか」。もちろん詩人が念頭においているのは旧約聖書の『トビト記』であり、それに基づいてルネサンスのイタリア美術を中心に数多く描かれてきた、大天使ラファエルに守られて旅をするトビアスの光景である。詩人はその時代に郷愁を感じているのだろうか。
つづく一節は天使への最大級の賛歌である。

おんみらこそ創生の傑作、造化《ぞうか》の寵児《ちょうじ》、
創造界の高嶺《たかね》、朝日に映《は》える
尾根――咲きにおう神性の花の花粉、
光の関節、歩廊《ほろう》、階段、王座、
本質から成る殿堂、歓喜に輝く楯、魂を拉《らっ》し去る
恍惚の颶風《ぐふう》、しかも個々の天使としてはたちまち静謐《せいひつ》の
鏡、溢《あふ》れ出たおのが美を
おのが顔貌《おもて》の奥深くに回収する。

リルケがここでイスラームの天使に触発されていることは、彼自身が告白している。光でできていて、触知もされず、自由意志をもつこともなく、ひたすら神に仕えている崇高な天使たち。「天使らはわれらのものなど意に介してはいない」。「どうして天使らがかかる微小のものに心をとめようぞ」。

だが、歌い進むにつれて、詩人の思いは変わってくる。「第九の悲歌」では、やや唐突にも「天使にむかって世界をたたえよ」と自分を鼓舞する。言葉にできない世界や、目に見えない世界のことについては、もちろん人間は天使にはかなわない。だから、逆に「天使にはただ素朴なものを示せ」、というのだ。世代によって受け継がれてきたもの、人の手に触れることのできるもの、まなざしを注がれているもの、それらはどれも天使のあずかり知らないものだ。だから「天使に物たちを語れ。そのほうがより多く天使の驚歎《きょうたん》を誘うだろう」。人の心もまた目には見えないものだが、ただそこにおいてのみ、知覚されたものたちの言葉への転身が起こりうる。

それらの物たちは願っている、われわれがかれらを目に見えぬ心情のなかで転身させることを、
おお、われわれの内部への限りない転身を！　たとえわれわれがいかにはかない存在であろうとも。

天使を真似《まね》ようとしてはいけない。逆に、天使には真似のできないこと、つまり五感をもってとらえられた世界を人間の心のなかで変容させ、新たな言葉として紡ぎだすこと、それ

こそが詩人のなすべきことなのだ。生涯を天使に魅了され、複数の詩のなかで天使を歌いつづけてきた詩人リルケのひとつの帰結点がここにある。

エフェメラルな天使たち

本章の最後を、もうひとりの偉大な天使の詩人画家に飾ってもらおう。もちろんパウル・クレーである。とりわけ、亡命のなかで難病と闘いつづけた晩年の一九三八年から四〇年のあいだに、線描や水彩や油彩などを合わせると六〇点はゆうに超える天使の絵を描いているのである。もちろんそれ以前にもないわけではない。

なかでも一九二〇年の《新しい天使》(エルサレム、イスラエル博物館)は、哲学者のヴァルター・ベンヤミン(一八九二―一九四〇)がこれを所有し、「歴史の天使」と呼んで、未完のその著『歴史哲学テーゼ』のなかで独特のコメントを加えたことはあまりにも有名な話である。その第Ⅸテーゼによると、この天使は未来に背を向けて、大きく見開いたまなざしを破局と瓦礫《がれき》のなかの過去に向け、はるか彼方の楽園から吹き寄せる強風に押し流されるようにして、背を向けた未来に否応なく運ばれていく。「僕らが進歩と呼ぶものは、この強風なのだ」。クレーのこの天使はまた鉤爪《かぎづめ》の足をしていて、ダイモンのようにも見える。ダイモンが幸福や救済と結びつくことは、「幸福」を意味するギリシア語が「エウダイモニア」であるところにも暗示される（ジョルジョ・アガンベン）。

このようにクレーは、見る人に自由な解釈を喚起させることができる天使を一九一〇年代からすでに描いていたのだが、質量ともに圧倒的なのはやはり晩年のものである。かつて中世末のドイツの神学者マイスター・エックハルト（一二六〇頃—一三二八頃）は、天使は無数にいるから数えることができないとみなしていたが、「中間領域」に住まうクレーの天使たちも晩年になればなるほどその数を増していくのだ。

それらのひとつひとつにタイトルがつけられている。「旧約聖書の天使」「大天使」「三天使」「星の天使」「天使の保護」「墜落」「ルシフェルへの接近」「寝ずの番の天使」「被造物」「キリストの亡霊」「十字の天使」「戦いの天使たち」「天使というよりむしろ鳥」「光よ、お前は何をもたらしているのか？」「ダイモン的なもの」「使命を帯びて」「大いなる庇護のもとに」などのタイトルは、いずれもユダヤ教やキリスト教の天使を連想させるも

V-18　クレー《使命を帯びて》

V-19　クレー《星の天使》

V-20　クレー《大天使》

のである。たとえば、《使命を帯びて》（一九三九年、ベルン、パウル・クレー・センター／V-18）や、《大いなる庇護のもとに》（一九三九年、ベルン、パウル・クレー・センター）は、子どもを守り導く「トビアスと天使」や「守護天使」の図像に緩やかに対応しているし、《星の天使》（一九三九年、ベルン、パウル・クレー・センター／V-19）もまた、わたしたちがちょうど第I章で見てきたような、イエスの誕生を祝う東方三博士の旅を導いた星の天使をどことなく連想させるところがある。

とはいえ、これら右記の天使のほとんどは、もはや伝統の図像に縛られるものではない。たとえば《大天使》（一九三八年、ミュンヘン、レンバッハハウス美術館／V-20）は、謎に包まれた解読不能のヒエログリフのように見え

Ⅴ-21　クレー《ダイモン的なもの》

るし、《戦いの天使たち》（一九四〇年、シュトゥットガルト、州立美術館）もまた、かつてのような勇ましいミカエルと堕天使の戦いの面影《おもかげ》はどこにもなく、むしろ戦いの羽を休めて停戦状態にあるような気配である。《ダイモン的なもの》（一九三九年、ベルン、個人蔵／Ⅴ-21）も、悪魔というよりも、悪戯好きの聖霊のように見える。

他方、これらにたいして、残りの大半の天使たちにはまったく自由なタイトルがつけられている。順不同で列挙してみるなら、「希望にあふれる天使」「天使志願者」「あふれんばかりの天使」「天使、まだ醜い」「醜い天使」「貧しい天使」「天使、まだ女性的な」「ミス・エンジェル」「鈴をつけた天使」「天使とプレゼント」「泣いている天使」「幼稚園の天使」「おませな天使」「忘れっぽい天使」「疑いをもつ天使」「未熟な天使」「用心深い天使」「天使、まだ手探りしている」「ひざまずく天使」「天使と贈り物」「未完の天使」「天使の岩」などといった調子である。さらに、これらの天使たちのいくつかに、谷川俊太《たにかわしゅんた》郎《ろう》が珠玉《しゅぎょく》の詩を捧げたことも、まだ記憶に新しい。

そこには、陽気な天使から嘆きの天使まで、無垢《むく》な天使から意地悪そうな天使まで、滑稽な天使から恐ろしそうな天使まで、

V-22　クレー《老いた音楽家が天使のふりをする》

悲劇的な天使から喜劇的な天使まで、美しい天使からグロテスクな天使まで、およそあらゆる様相の天使たちがいるのだが、タイトルに「天使」とついていなければ、それと認識するのは困難かもしれない。男性と女性の境界はもちろんのこと、天使と悪魔、聖と俗、幼児と大人の境界すらもまた揺らいでいる。彼らはもはや、神聖でもなければ不死の者たちでもない。「線を散歩に連れていく」とは、デッサンについてのクレーらしい名言だが、まさにそのことばどおり、画家は、さまざまな天使の線とともに、想像力の時空のなかを自由に散歩しているのである。

しかも、それらはたいてい、人間や獣や鳥類、植物や鉱物など、自然界のあらゆるものを組み合わせたような姿をしている。「ストイケイア（自然の諸力）」としての天使という見方は、かつて使徒パウロによって痛烈に批判されたものだが（第I章を参照）、クレーは、知識としてというよりも本能的に、この古い考え方に接近していたのかもしれない。森羅万象がそうであるように、これらクレーの天使たちも、つかの間に生まれては消えていくようなはかない存在である。

「芸術とは見えるものを複製することではない。というよりもむしろ、見えるようにするのだ」、これもまたこの画家の有名なモットーである。クレーの天使たちは、まさに何かが「見えるように」なる瞬間の生き物たちである。そこにわたしたちは、たとえば晩年の自画像的な作品、《老いた音楽家が天使のふりをする》（一九三九年、ベルン、パウル・クレー・センター／V-22）のように、画家個人の思考や心情の記録を見ることができるかもしれないし、あるいはもっと広く、宇宙や自然、歴史や運命にかかわるものを読み取ることもまたできるだろう。ちなみに、この天使のふりをする音楽家にインスピレーションを得て、谷川俊太郎が詠んだ詩を引用しておこう。

ほんのいっしゅん
てんしになったことがあった
ひとはみなせをむけて
どこかとおくへいってしまった

たぶんふかいもりのなかへ
てんしにたよらずにかんがえるために
みみにしたたしいメロディだけが
ゆうぞらにただよっていた
つかのまのやすらぎ……
そしてしぬひがきた

翼を開きかけているようにして、こちらに背を向けて立ち、かすかに上空を見ているかのようなこのクレーの天使に、谷川俊太郎もまた、音楽をこよなく愛した画家の死のイメージを重ねていたのだろうか。クレーにとって人間とは、「半ば囚、半ば自由に天かける存在」(『造形思考』)であり、ただ一枚だけの翼をもつ天使のようなものだったが、この老音楽家も左の翼を誇らしげに立てているように見える。

クレーはまた早くから、精神病者の絵——今日「アール・ブリュット(生の芸術)」や「アウトサイダー・アート」と呼ぶもの――にも強い関心を示していて、「子ども、狂者、未開人」こそが、見えないものを「見えるようにする」ことのできるもっとも優れた能力をそなえている、と信じていた。というのも、彼らは、わたしたちの通常の感覚によっては捉えることのできない世界の隙間《すきま》に存在する名指しえないものを垣間見ることができるからである。それはまた、「いまだ生まれざるものと死者たち」の世界でもあって、そうした世界に接近できる能力こそ、クレーにとって、近代芸術に必要不可欠のものであった。それゆえ、場なき場、時間なき時間の世界の住人たる天使が、亡霊や精霊やダイモンなどと並んで、クレー芸術の主要な「宗教的主題」をなしているのも、けっして偶然のことではない。

あるいは、こういう対比は許されるだろう。詩人リルケが、言葉の錬金術によって見えるものを変貌させることで天使に挑戦したとするなら、画家クレーは、見えないものの豊かさを無数の天使たちのイメージに託そうとするのだ、と。

最晩年の天使は、くしくも《どこから？　どこに？　どこへ？》（一九四〇年、チューリッヒ、個人蔵／V-23）と題されている。この天使は、頭髪と口髭《くちひげ》のようなものをそなえていて、背格好もそれまでのものよりもはるかに人間の様相に近い。両脚は右の方角に進もうとしているようだが、天使の甲冑でもあるまいに、胴体には何やら大きな枷《かせ》が左側からかけられていて、そのためにどうにも動きにくそうにしている。頭も心持ち左下の向きに垂れた状態の

V-23　クレー《どこから？　どこに？　どこへ？》

まま。未来に向かいつつも、過去の枷に引きずられ、現在にうなだれるこの天使は、わたしには、もうひとりの「歴史の天使」であるように思われる。その姿は、悲劇的でもあれば喜劇的でもある。クレーは最後にもういちど、過去と現在と未来のあいだで宙《ちゅう》吊《づ》りにされたような天使のイメージのうちに、永遠の問い、「わたしたちはどこから来て、どこにいて、どこへ向かうのか」を託そうとしたのだろうか。

おわりに

西洋の芸術や思想を研究するようになって、ずっと気にかかる存在だったのが、およそいたるところに跋扈しているキリスト教の天使たちである。不十分ながらも、このあたりで一区切りつけておきたい、そんな思いからこの本が生まれた。「はじめに」でも述べたことのくりかえしになるが、天使へのわたしの関心は、その本質論にかかわるというよりも、そのイメージの広がりにかかわる。天使のさまざまな様態といいかえてもかまわない。西洋の思考において、伝統的に、論理（ロジック）によるものと類推（アナロジー）によるものとが拮抗してきた（もちろん前者が有利であったことは疑いない）とするなら、天使はいうまでもなく後者の側に味方する。

とはいえ、この本の狙いは、そのレパートリーのすべてを網羅《もうら》することにあるのではない。そうではなくて、天使とは本来、さまざまな宗教や神話のあいだのみならず、正統と異端のあいだの線引きすらも、その翼で軽やかに飛び越えて、人々の心身にそっと触れてきたものなのだ。本書が浮彫りにしようとしたのも、そんな天使の意外な（そしてときにまだよくは知られていない）姿である。

人は誰もがそれぞれに天使を培《つちか》い、天使に守られ、天使を介して交わりあう。その意味において、天使は今日もなお（あるいはますます）、イスラーム学の泰斗アンリ・コルバンに倣うなら、人間の想像力の別の名前でありつづけているのであり、現代イタリアの哲学者マッシモ・カッチャーリの言い回しを借りるなら、「必要なる」ものなのだ。これからも、どんな天使たちがわたしたちを和ませ、わたしたちにささやきかけてくれることだろうか。

最後になったが、編集の労をとっていただき、たくさんの要求をかなえていただいた藤吉亮平さんに、心からお礼を申し上げたい。

主要参考文献

近代の天使

- アーペル，フリートマル『天への憧れ』林捷訳，法政大学出版局，2005年.
- ヴァレリー「天使」鈴木信太郎訳，『ヴァレリー全集1 詩集』筑摩書房，1977年.
- イェイツ『イェイツ全詩集』鈴木弘訳，北星堂，1982年.
- 今村仁司『ベンヤミン「歴史哲学テーゼ」精読』岩波書店，2000年.
- 岡田温司『イメージの根源へ』人文書院，2014年.
- ガンボーニ，ダリオ『「画家」の誕生』廣田治子訳，藤原書店，2012年.
- 谷川俊太郎『クレーの天使』講談社，2000年.
- バルザック『セラフィタ』沢崎浩平訳，国書刊行会，1976年.
- プーシキン「天使ガブリエルの歌」川端香男里訳，『プーシキン全集1 抒情詩・物語詩Ⅰ』河出書房新社，1975年.
- プラーツ，マリオ『肉体と死と悪魔 ロマンティック・アゴニー』倉智恒夫訳，国書刊行会，2000年.
- ポオ，エドガー・アラン『詩と詩論』福永武彦他訳，創元推理文庫，1979年.
- ボードレール『悪の華』安藤元雄訳，集英社，1991年.
- マラルメ『マラルメ詩集』渡辺守章訳，岩波文庫，2014年.
- 宮下誠『越境する天使 パウル・クレー』春秋社，2009年.
- 『ユリイカ　特集＝パウル・クレー 造形思考のコンステレーション』青土社，2011年4月号.
- リルケ『ドゥイノの悲歌』手塚富雄訳，岩波文庫，1957年.
- 同『リルケ詩集』高安国世訳，岩波文庫，2010年.
- ロートレアモン『ロートレアモン全集』石井洋二郎訳，ちくま文庫，2005年.
- Jiménez, José, *L'angelo caduto. L'immagine artistica dell'angelo nel mondo comtemporaneo*, Hestia, Milano 1999.
- Langenberg, Ruth, *Angels from Dante Rossetti to Paul Klee*, Prestel, Munich 2012.
- *Paul Klee. The Angels*, ed. by Zentrum Paul Klee, Bern, Hatije Cantz, s.d.

- Rees, Valery, *From Gabriel to Lucifer. A Cultural History of Angels*, I.B. Tauris, London 2013.

音楽と天使と聖人

- Connolly, Thomas, *Mourning into Joy. Music, Raphael, and Saint Cecilia*, Yale University Press, New Haven 1994.
- Dell'Antonio, Andrew, *Listening as Spiritual Practice in Early Modern Italy*, University of California Press, Berkeley 2011.
- *Dipingere la musica. Strumenti in posa nell'arte del Cinque e Seicento*, Catalogo della mostra, a cura di Sylvia Ferino-Pagden, Skira, Milano 2000.
- Dona, Massimo, *L'angelo musicante*, Mimesis, Milano 2014.
- Staiti, Nico, *Le metamorfosi di santa Cecilia. L' immagine e la musica*, LIM, Lucca 2002.

聖フランチェスコと天使

- Bonaventura, *Vita di San Francesco Legenda maior*, a cura di Pietro Messa, Paoline, Torino 2009.
- Dell'Antonio, Andrew, *Listening as Spiritual Practice in Early Modern Italy*, University of California Press, Berkeley 2011.
- Frugoni, Chiara, *Francesco e l'invenzione delle stimmate. Una storia per parole e immagini fino a Bonaventura e Giotto*, Einaudi, Torino 1993.
- Keck, David, *Angels and Angelology in the Middle Ages*, Oxford University Press, New York 1998.

ダンテ，ミルトン，ブレイク

- ダンテ『神曲』全３巻，平川祐弘訳，河出文庫，2009年.
- ブレイク『ブレイク全著作』全２巻，梅津濟美訳，名古屋大学出版会，1989年.
- ミルトン『失楽園』
- Damon, S. Foster, *A Blake Dictionary. The Ideas and Symbols of William Blake*, updated ed. by Morris Eaves, Dartmouth College Press, Hanover 2013.
- Gill, Meredith J., *Angels and the Order of Heaven in Medieval and Renaissance Italy*, Cambridge University Press, Cambridge 2014.
- Raymond, Joad, *Milton's Angels. The Early-Modern Imagination*, Oxford University Press, Oxford 2010.

- Foster, Edgar G., *Angelomorphic Christology and the Exegesis of Psalm 8:5 in Tertullian's Adversus Praxean*, University Press of America, Lanham 2005.
- Gieschen, Charles A., *Angelomorphic Christology. Antecedents and Early Evidence*, Brill, Leiden 1998.
- Peterson, Eric - Franco Manzi, *Il libro degli angeli. Gli esseri angelici nella Bibbia, nel culto e nella vita cristiana*, Edizioni Liturgiche, Roma 2008.
- Stuckenbruck, Loren T., *Angel Veneration and Christology*, Paul Siebeck, Tubingen 1995.
- Werner, Martin, *The Formation of Christian Dogma. An Historical Study of its Problem*, translated by S. G. F. Brandon, Harper & Brothers, New York 1957.

キリストと大天使ミカエル
- Hannah, Darrell, D., *Michael and Christ: Michael Traditions and Angel Christology in Early Christianity*, Mohr Siebeck, Tubingen 1999.
- Peers, Glenn, *Subtle Bodies. Representing Angels in Byzantium*, University of California Press, Berkeley 2001.
- Ponzi, Eva, *L'arcangelo Michele a Roma. Storia, ideologia, iconografia dal tardo antico al Trecento*, Accademia Nazionale dei Lincei, Roma 2012.
- Rainbow, Paul, *Melchizedek as a Messiah at Qumran*, in Bulletin hor Biblical Research 7（1997）, pp. 179–194.

天使と悪魔
- 八木雄二『天使はなぜ堕落するのか』春秋社，2009年.
- リンク，ルーサー『悪魔』高山宏訳，研究社，1995年.
- *Il diavolo e I suoi angeli. Testi e tradizioni (secoliI-Ⅲ)*, a cura di Adele Monaci Castagno, Nardini Editore, Fiesole 1996.
- Firpo, Massimo, *Artisti, Gioiellieri, Eretici. Il mondo di Lorenzo Lotto tra Riforma e Controriforma*, Laterza, Roma-Bari 2001.
- Garrett, Susan R., *No Ordinary Angel. Celestial Spirits and Christian Claims about Jesus*, Yale University Press, New Haven 2008.
- *The Fall of the Angels*, ed. by Christoph Auffarth & Loren T. Stuckenbruck, Brill, Leiden 2004.
- Pageles, Elaine, *The Origin of Satan*, Vintage Books, New York 1996.
- Reed, Annette Yoshiko, *Fallen Angels and the History of Judaism and Christianity. The Reception of Enochic Literature*, Cambridge University Press, Cambridge 2005.

子訳，教文館，1987年.
- 同『キリスト教教父著作集9 オリゲネス4 ケルソス駁論II』出村みや子訳，教文館，1997年.
- ユスティノス『キリスト教教父著作集1 ユスティノス』柴田有・三小田敏雄訳，教文館，1992年.
- *Angels in Medieval Philosophical Inquiry. Their Function and Significance*, ed. by Isabel Iribarren and Martin Lenz, Ashgate, Burlington 2008.
- Bucur, Bogdan Gabriel, *Angelomorphic Pneumatology. Clement of Alexandria and Other Early Christian Witness*, Bril, Leiden-Boston 2009.
- Decharneux, Baudouin, *L'ange, le devin et le prophète. Chemins de la parole dans l'œuvre de Philon d'Alexandrie dit Le Juif*, Édition de l'Université de Bruxelles, Bruxelles 1994.
- Filone di Alessandria, *Tutti i trattati del commentario allegorico alla Bibbia*, a cura di Roberto Radice, Bompiani, Milano 2005.
- Hildegard of Bingen, *Scivias*, trans. by Mother Columba Hart and Jane Bishop, Paulist Press, New York 1990.
- Keck, David, *Angels and Angelology in the Middle Ages*, Oxford University Press, Oxford 1998.
- Muehlberger, Ellen, *Angels in Late Antique Christianity*, Oxford University Press, Oxford 2013.

天使と異教の天使的イメージ
- アガンベン，ジョルジョ『スタンツェ』岡田温司訳，ちくま学芸文庫，2008年.
- プラトン『国家』上下，藤沢令夫訳，岩波文庫，1979年.
- Carrell, Peter R., *Jesus and the Angels. Angelology and the Christology of the Apocalypse of John*, Cambridge University Press, Cambridge 1997.
- Dempsey, Charles, *Inventing the Renaissance Putto*, The University of North Carolina Press, London 2001.
- Kingsley-Smith, Jane, *Cupid in Early Modern Literature and Culture*, Cambridge University Press, Cambridge 2010.
- Tibbs, Clint, *Religious Experience of Pneuma*, Mohr Siebeck, Tubingen 2007.

天使とキリスト
- Carrel, Peter R., *Jesus and the Angels. Angelology and the Christology of the Apocalypse of John*, Cambridge University Press, Cambridge 1997.
- Corbin, Henry, *Le paradoxe du monothéisme*, L'Herne, Paris 1981.

- Daniélou, Jean, *Les anges et leur mission*, Desclée, Paris 1990.
- Dionigi Areopagita, *Tutte le opera*, a cura di Piero Scazzoso ed Enzo Bellini, Bompiani, Milano 2009.
- Garrett, Susan R., *No Ordinary Angel. Celestial Spirits and Christian Claim about Jesus*, Yale University Press, New Haven 2008.

天使の図像

- ウォード，ローラ／ウィル・スティーズ『天使の姿』小林純子訳，新紀元社，2005年.
- 同『悪魔の姿』小林純子訳，新紀元社，2008年.
- 利倉隆『天使の美術と物語』美術出版社，1999年.
- 同『悪魔の美術と物語』美術出版社，1999年.
- *Angeli, Volti dell'Invisibile*, Mostra a cura di A. Geretti, Catalogo a cura di S. Castri, Umberto Allemandi & C., Torino 2010.
- Boespflug, François, *Les théophanies bibliques dans l'art médiéval d'Occident et d' Orient*, Droz, Genève 2012.
- Bussagli, Marco, *Storia degli angeli. Racconto di immagini e di idee*, Rusconi, Milano 1991.
- Chelli, Maurizio, *Angeli. I significati e le iconografie nella storia dell'arte*, EDUP, Roma 2011.
- Giorgi, Rosa, *Anges et démons*, Hazan, Paris 2004.
- Heck, Christian, *L'échelle céleste dans l'art du Moyen Âge. Une image de la quête du ciel*, Flammarion, Paris 1997.
- Pezzini, Domenico, *Giacobbe e l'angelo. Il mistero della relazione*, Ancora, Milano 2001.
- Proverbio, Cecilia, *La figura dell'angelo nella civiltà paleocristiana*, TAU, Todi 2007.
- *The Mind's Eye. Art and Theological Argument in the Middle Ages*, ed. by Jeffrey F. Hamburger and Anne-Marie Boucher, Princeton University Press, Princeton 2006.
- Wilson, Peter Lamborn, *Angels. Messengers of the Gods*, Thomas and Hudson, London 1980.

初期キリスト教と中世の神学における天使

- アウグスティヌス『告白』上下，服部英次郎訳，岩波文庫，1976年.
- 同『神の国』全5巻，服部英次郎・藤本雄三訳，岩波文庫，1999年.
- オリゲネス『諸原理について』小高毅訳，創文社，1978年.
- 同『キリスト教教父著作集8 オリゲネス3 ケルソス駁論Ｉ』出村みや

主要参考文献

聖書および外典

- 『聖書 新共同訳 旧約聖書続編つき』日本聖書協会，2006年.
- 『旧約聖書外典』上下，関根正雄編，講談社文芸文庫，1999年.
- 『新約聖書外典』荒井献編，講談社文芸文庫，1997年.
- 『使徒教父文書』荒井献編，講談社文芸文庫，1998年.
- 『聖書外典偽典 3 旧約偽典 I』日本聖書学研究所編，教文館，1975年.
- 『聖書外典偽典 4 旧約偽典 II』日本聖書学研究所編，教文館，1975年.
- *Apocrifi dell'Antico Testamento* 1 e 2, a cura di Paolo Sacchi, Utet, Torino 2006.
- *Apocrifi del Nuovo Testamento* 1 e 2, a cura di Luigi Morandi, Piemme, Milano 1999.
- *The Apocryphal New Testament*, ed. by J. K. Elliott, Clarendon Press, Oxford 2005.

天使論全般

- アガンベン，ジョルジョ『王国と栄光 オイコノミアと統治の神学的系譜学のために』高桑和巳訳，青土社，2010年.
- アドラー，モーティマー・J『天使とわれら』稲垣良典訳，講談社学術文庫，1997年.
- 稲垣良典『天使論序説』講談社学術文庫，1996年.
- 笠井叡『天使論』思潮社，1972年.
- カッチャーリ，マッシモ『必要なる天使』柱本元彦訳，岡田温司解説，人文書院，2002年.
- 坂口ふみ『天使とボナヴェントゥラ』岩波書店，2009年.
- セール，ミシェル『天使の伝説 現代の神話』及川馥訳，法政大学出版局，2002年.
- デイヴィッドスン，グスタフ『天使辞典』吉永進一監訳，創元社，2004年.
- 『夜想 21 特集 天使』ペヨトル工房，1987年.
- 山内志朗『天使の記号学』岩波書店，2001年.
- *Angels in the Early Modern World*, ed. by Peter Marshall and Alexandra Walsham, Cambridge University Press, Cambridge 2006.
- *Angeli. Ebraismo Cristianesimo Islam*, a cura di Giorgio Agamben e Emanuele Coccia, Neri Pozza, Vicenza 2009.

岡田温司（おかだ・あつし）

1954年生まれ．京都大学大学院博士課程修了．京都大学大学院教授．
著書『ルネサンスの美人論』（人文書院）
『ミメーシスを超えて』（勁草書房）
『カラヴァッジョ鑑』（人文書院，編著）
『モランディとその時代』（同，吉田秀和賞受賞）
『マグダラのマリア』（中公新書）
『処女懐胎』（同）
『キリストの身体』（同）
『アダムとイヴ』（同）
『芸術（アルス）と生政治（ビオス）』（平凡社）
『フロイトのイタリア』（同，読売文学賞）
『デスマスク』（岩波書店）
『アガンベン読解』（平凡社）など
訳書『スタンツェ——西洋文化における言葉とイメージ』（アガンベン著，ちくま学芸文庫）
『規範と形式』（ゴンブリッチ著，共訳，中央公論美術出版）
『芸術論叢』（ロンギ著，監訳，同）
『開かれ——人間と動物』（アガンベン著，共訳，平凡社）
『肖像の眼差し』（ナンシー著，共訳，人文書院）
など

天使《てんし》とは何《なに》か
中公新書 *2369*

2016年3月25日発行

著　者　岡田温司
発行者　大橋善光
本文印刷　暁印刷
口絵印刷　三晃印刷
カバー印刷　大熊整美堂
製　　本　小泉製本
発行所　中央公論新社
〒100-8152
東京都千代田区大手町1-7-1
電話　販売 03-5299-1730
　　　編集 03-5299-1830
URL http://www.chuko.co.jp/

Published by CHUOKORON-SHINSHA, INC.
Printed in Japan　ISBN978-4-12-102369-8 C1271

中公新書刊行のことば

一九六二年一一月

いまからちょうど五世紀まえ、グーテンベルクが近代印刷術を発明したとき、書物の大量生産は潜在的可能性を獲得し、いまからちょうど一世紀まえ、世界のおもな文明国で義務教育制度が採用されたとき、書物の大量需要の潜在性が形成された。この二つの潜在性がはげしく現実化したのが現代である。

いまや、書物によって視野を拡大し、変りゆく世界に豊かに対応しようとする強い要求を私たちは抑えることができない。この要求にこたえる義務を、今日の書物は背負っている。だが、その義務は、たんに専門的知識の通俗化をはかることによって果たされるものでもなく、通俗的好奇心にうったえて、いたずらに発行部数の巨大さを誇ることによって果たされるものでもない。現代を真摯に生きようとする読者に、真に知るに価いする知識だけを選びだして提供すること、これが中公新書の最大の目標である。

私たちは、知識として錯覚しているものによってしばしば動かされ、裏切られる。私たちは、作為によってあたえられた知識のうえに生きることがあまりに多く、ゆるぎない事実を通して思索することがあまりにすくない。中公新書が、その一貫した特色として自らに課すものは、この事実のみの持つ無条件の説得力を発揮させることである。現代にあらたな意味を投げかけるべく待機している過去の歴史的事実もまた、中公新書によって数多く発掘されるであろう。

中公新書は、現代を自らの眼で見つめようとする、逞しい知的な読者の活力となることを欲している。

中公新書

宗教・倫理

中公新書

芸術

k1

- 1741 美学への招待 佐々木健一
- 2072 日本的感性 佐々木健一
- 1296 美の構成学 三井秀樹
- 1220 書とはどういう芸術か 石川九楊
- 2020 書く—言葉・文字・書 石川九楊
- 2014 ヨーロッパの中世美術 浅野和生
- 1938 カラー版 フランス・ロマネスクへの旅 池田健二
- 1994 カラー版 イタリア・ロマネスクへの旅 池田健二
- 2102 カラー版 スペイン・ロマネスクへの旅 池田健二
- 118 フィレンツェ 高階秀爾
- 385 386 近代絵画史（上下） 高階秀爾
- 2052 印象派の誕生 吉川節子
- 1781 マグダラのマリア 岡田温司
- 1998 キリストの身体 岡田温司
- 2188 アダムとイヴ 岡田温司
- 2232 ミケランジェロ 木下長宏
- 2292 カラー版 ゴッホ〈自画像〉紀行 木下長宏
- 1988 日本の仏像 長岡龍作
- 1827 カラー版 絵の教室 安野光雅
- 1103 モーツァルト H・C・ロビンズ・ランドン 石井 宏訳
- 1585 オペラの運命 岡田暁生
- 1816 西洋音楽史 岡田暁生
- 2009 音楽の聴き方 岡田暁生
- 1477 銀幕の東京 川本三郎
- 2325 テロルと映画 四方田犬彦
- 1854 映画館と観客の文化史 加藤幹郎
- 1946 フォト・リテラシー 今橋映子
- 2247 2248 日本写真史（上下） 鳥原 学
- 2369 天使とは何か 岡田温司